IBSEN

Stock   Imp. Delâtre. Montmartre

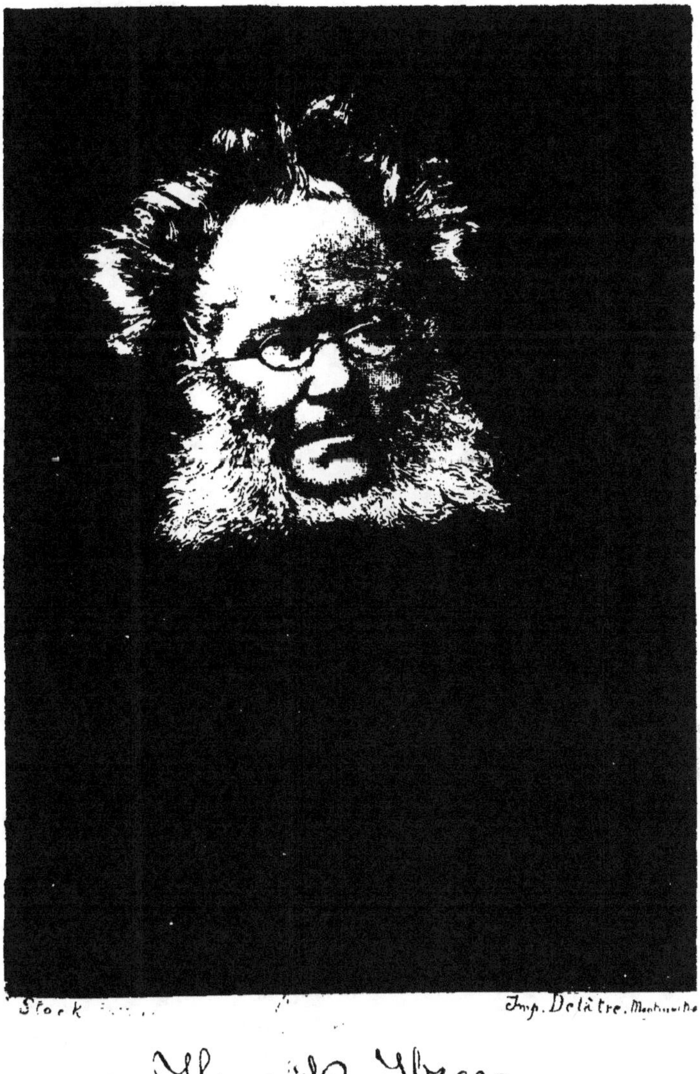

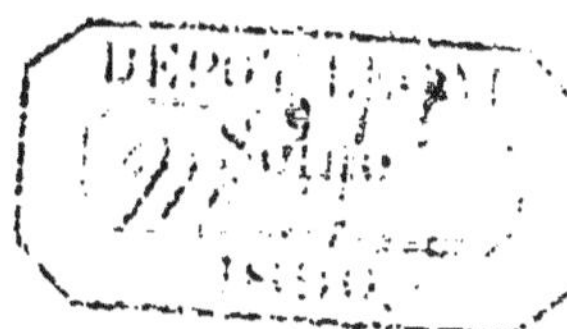

Henrik Ibsen

HENRIK IBSEN

THÉATRE

LES REVENANTS
LA MAISON DE POUPÉE

TRADUIT DU NORVÉGIEN PAR M. PROZOR

Avec une préface d'Édouard ROD.

PORTRAIT DE H. IBSEN

PARIS

NOUVELLE LIBRAIRIE PARISIENNE

ALBERT SAVINE, ÉDITEUR

12, *Rue des Pyramides*, 12

1889

Tous droits réservés.

PRÉFACE

La traduction de deux pièces de Henrik Ibsen, que j'ai l'honneur de présenter au public, attirera, j'espère, l'attention des lecteurs français sur ce remarquable écrivain.

Je ne sais si sa vigoureuse peinture de mœurs qui paraîtront sans doute très éloignées des nôtres, trouvera quelque écho parmi nous ; je me demande surtout si deux des pièces les plus étranges peut-être qu'il ait écrites, ne produiront pas un simple effet d'étonnement et n'inspireront pas la méfiance : Ibsen n'est pas de ceux qui s'imposent tout de suite et sans lutte. Dans son propre pays, chacun de ses ouvrages a soulevé des tempêtes. A la lecture, ils surprennent d'abord : ce n'est que peu à peu qu'on en pénètre la rude saveur. Ce n'est que lorsqu'on a réussi à se familiariser avec leurs personnages si différents de nous, pasteurs, consuls, chambellans, bohèmes qui ressemblent à des scaldes, gentilshommes campagnards dont la paisible existence recouvre des tragédies tout intérieures, qu'on en sent toute la puissance et toute la portée. Ils n'ont pas la séduction immédiate des romans russes, mais ils **en** ont une autre, plus graduelle, plus lente, qui s'exercera certainement ici comme elle s'est exercée ailleurs, et qui fera du nom aujourd'hui inconnu d'Ibsen un nom presque populaire, au même titre que ceux de Dostoïewsky, de Dickens et de Tourguénief.

Nous savons très peu de chose des **mœurs** et de la société des pays du Nord. Le Danemark, la Suède et la Norvège, qui ont entre eux d'évidentes ressemblances, nous apparaissent comme une lointaine Thulé dont quelques explorateurs nous ont décrit les sites les plus pittoresques. S'il n'y avait pas les contes d'Andersen et quelques nouvelles de Bjœrnsen, nous ne saurions rien de leur littérature.

Les noms de leurs écrivains, passés et présents, nous sont presque entièrement inconnus. A peine peut-on faire une exception pour M. Georges Brandes, que cite de temps en temps un de nos critiques. Mais les autres, les Sœren Kierkegaard, les Esaias Tegner, etc., à peine les esprits les plus cosmopolites en soupçonnent-ils l'existence.

A travers les quelques fragments d'eux qui nous sont parvenus, nous entrevoyons là-bas, dans ces pays ignorés, une vie extrèmement régulière et paisible, une vie de petits pays heureux qui n'ont plus d'histoire, de petites villes où tout le monde se connaît et dont seuls quelques commérages troublent le calme d'eaux dormantes, de familles patriarcales que gouvernent des mœurs d'un autre âge, faites de douceur et de respect. Certains échos que nous apporte de temps en temps la presse fortifient cette impression : récemment c'était la mésalliance d'un fils du roi de Suède épousant une bourgeoise : toute la nation s'y intéressait, et le père, après avoir résisté le temps convenable, finissait par donner son consentement, moyennant quelques conditions correctes et simples, aux applaudissements universels. Quelque temps auparavant, il s'agissait d'un roman de M. Strindberg, *Mariés*, qui faisait poursuivre son auteur. Il a été traduit et nous avons pu le lire. Eh ! mon Dieu ! c'est de l'eau de rose ; il n'y a pas dans l'Europe médionale de pensionnaire bien élevée qui n'ait lu dix fois pire ! Une autre fois encore, nous apprenions que les cours de M. Brandes soulevaient l'opinion publique à Copenhague ; savez-vous pourquoi ? parce qu'il tentait d'introduire dans la critique la méthode de Sainte-Beuve !

Cependant la presse nous apporte aussi, de temps en temps, des échos d'un ton différent, que nous lisons d'un œil distrait et qui nous étonnent un peu, parce qu'ils vont à l'encontre de toutes les notions que nous avons pu nous faire sur les pays du Nord. Ainsi, en Danemark, il y a une opposition, qui a la majorité dans la Chambre ; en sorte que le roi, qui veut conserver son ministère conservateur, la dissout de sept en quatorze, d'où

quelques dépêches dans les grands journaux.
De plus, quelque légère bagarre à Christiania
ou à Stockholm nous rappelle également,
d'année en année, qu'il y a en Suède et Norvège des radicaux et des socialistes. Nous
présumons qu'ils ne sont pas dangereux,
qu'ils sont en politique ce que sont les romans de M. Strindberg en morale, et nous
passons outre...

Eh bien; nous avons tort! le conflit est sérieux, là-bas comme ici. Là-bas comme ici on
remue toutes les questions, on fait le procès de
la société, on discute ses exigences, on examine
ses bases, on les menace, on les sapera peut-
être. Et les drames d'Ibsen ont ce haut intérêt
qu'ils nous représentent d'une façon singulièrement vivante cette mêlée, qu'ils nous en
livrent les éléments et les caractères, qu'ils
nous renseignent sur la lente ébullition de ce
pays que nous aimons à nous figurer si tranquille, et avec une hardiesse telle, qu'elle ferait peut-être reculer les plus hardis de nos
écrivains.

Henrik Ibsen, qui a maintenant soixante ans,

a passé dernièrement plusieurs années à Rome où il vivait dans un isolement jaloux. Il y est demeuré étranger ; on ne lui connaissait pas d'amis ; tous les soirs, vers sept heures, on le voyait entrer au café Aranjo ; quelques Allemands, qui s'y trouvaient, le saluaient ; mais il ne parlait à personne et s'asseyait seul à sa table. Maintenant il habite Munich, où il a, je le présume, conservé les mêmes habitudes. En effet, il a fait de la solitude un principe : « L'homme le plus fort, dit quelque part un de ses personnages, est celui qui reste seul. » Notez que son isolement n'est pas une retraite, qu'il n'entend pas renoncer à exercer une action sur la société. Mais passionnément individualiste, comme le sont souvent les hommes du Nord, il croit pouvoir exercer cette action par la seule puissance de sa personnalité. Ses œuvres lui paraissent à cet effet des armes suffisantes : il s'abstient de prendre une part directe à l'agitation qui l'intéresse, il n'écrit pas dans les journaux, il ne lance pas de brochures, il ne fait pas de discours ni de conférences, il ne veut pas monter sur la scène politique, et il a dit dans une de ses poésies :

« Le bruit des masses m'épouvante, je ne veux pas laisser éclabousser mon habit par la boue des rues; je veux, en purs vêtements de fête, attendre le jour de l'avenir... »

Mais son attitude n'a pas toujours été la même, il n'a pas toujours regardé les événements d'aussi loin, d'aussi haut, dirait-il peut-être non sans raison, il a su s'y mêler à ses heures. Ses débuts ont été pénibles : la ruine de sa famille ayant interrompu ses études de médecin, il dut, pour pouvoir les continuer, accepter un emploi de commis pharmacien. Cette circonstance, cette position difficile que ses hautes ambitions rendaient sans doute plus pénible encore, les difficultés et les besoins misérables auxquels il se heurtait, tout cela le prépara à subir l'action de l'esprit révolutionnaire, et en 1848 le souffle de révolte qui passait sur l'Europe l'emporta. Il lui inspira ses premiers écrits : des vers aux Hongrois pour les encourager dans leur lutte, une série de sonnets au roi Oscar de

Suède pour l'engager à soutenir les intérêts des frères danois, des épigrammes violentes qui mirent sens dessus dessous sa petite ville de Grimstad. Un peu plus tard, il prenait Catilina pour héros de son premier drame : un Catilina qui devenait entre ses mains un utopiste, un rêveur, un humanitaire, indigné de voir triompher à Rome l'injustice et les abus, qui ne se résignait à la destruction que parce qu'il voyait un monde nouveau et meilleur sortir des ruines de l'ancien. Ibsen entrait donc dans la vie, selon sa propre expression, « en se mettant en guerre avec la société » ; il ne devait pas s'en tenir à ces premières escarmouches.

Après quelques années de luttes assez vives, pendant lesquelles il fonda un journal, composa un second drame, le *Tombeau des Huns*, écrivit une satire politique, Ibsen entra pourtant dans une période plus calme : il écrivit des pièces assez ordinaires qui réussirent moyennement, et devint même directeur du théâtre norvégien de Christiana. La chute de ce théâtre ramena ses difficultés ; et c'est seulement à partir de ce moment-là qu'il se trouva ou plutôt se retrouva lui-même. Car c'est bien l'auteur de *Catilina*, le révolutionnaire, le révolté, qui reparaît dans la *Comédie de l'amour*, la première des pièces de son vrai répertoire, et dans toutes celles qui suivirent. Seulement ce n'est plus la politique qui est son terrain ; il va plus loin : ce sont les rouages les plus intimes de la société qu'il étudie, le mariage et la famille ; ce sont les idées sur lesquelles elle repose qu'il analyse, et chacune de ses œuvres nouvelles le pousse plus avant dans cette voie.

La révolte, chez Ibsen, paraît provenir d'une extrême droiture de cœur et d'esprit en même temps que d'une inébranlable fermeté de caractère. Ce qui le met en défiance contre les idées, c'est la façon dont elles s'incarnent ou se réalisent. Il ne fait pas, si je puis parler ainsi, leur procès direct, il ne les analyse pas en elles-mêmes : il montre la misérable contradiction qui existe entre ce qu'elles proclament et ce qu'elles font faire aux hommes.

a.

C'est ainsi que le prêtre Brand, un de ses personnages dans lequel il s'est le mieux peint lui-même, frappé de l'énorme distance qu'il y a des préceptes à la pratique de la religion, se dresse contre l'Eglise et consacre tous ses efforts à réveiller la conscience endormie de ceux qui l'entourent. Chez lui, le désir du bien devient une sorte de fanatisme ; il se refuse à admettre le moindre compromis entre les deux puissances opposées qu'il voit se partager le monde. De même que le Christ disait : « Qui n'est pas pour moi est contre moi, » il demande, en son nom : « Tout ou rien, » et il répète à ceux qu'il sacrifie à sa terrible logique : « Si tu donnais tout en réservant ta vie, sache que tu n'aurais rien donné ! » Deux scènes de cette étrange composition sont particulièrement caractéristiques. Dans l'une, la mère de Brand, agonisante, lui fait demander les saints sacrements. Elle a mal vécu sa vie, elle s'est injustement emparée de la fortune de son mari mort, elle a péché contre la justice : Brand exige qu'elle renonce à tous ses biens mal acquis. Mais elle les aime plus que sa vie, plus que son salut ; elle n'en peut offrir que la moitié. Brand refuse. Elle a peur, elle donnera presque tout, elle ne réservera qu'un dixième : c'est encore trop ; Brand reste inflexible : « Tout ou rien ! » Et il la laisse mourir sans confession. — Dans l'autre, pendant que sa femme, Agnès, passe la revue des effets de leur enfant mort, qu'elle conserve comme des reliques, une Bohémienne survient avec un enfant presque nu, pour lequel elle ose demander ces bons vêtements chauds. Agnès se révolte ; ces petites choses sont tout ce qui lui reste de son bonheur de mère : l'enfant qu'elle a perdu ressuscite quand elle les regarde, comment pourrait-elle s'en séparer ?

« Il ne faut pas s'attacher aux idoles ; donne tout à la femme ! lui dit Brand. Elle obéit. « As-tu donné de bon cœur ? lui demande-t-il dès que la Bohémienne est sortie. — Non. — Alors, tu as accompli ton sacrifice en vain. » Elle se tait, puis, comme il va sortir, le rappelle : « Brand ! — Eh bien ? — J'ai menti !... Ecoute, la blessure est profonde, j'ai été faible, je t'ai trompé, je m'en repens... Tu as cru que j'avais tout donné ?... Non, j'ai gardé quelque chose : ce petit bonnet qu'il portait à l'heure fatale, mouillé de larmes, trempé des sueurs de la mort... Oh ! tu ne m'en voudras pas, j'en suis sûre ? — Va où règnent tes idoles ! (Il veut sortir.) — Attends ! — Que veux-tu ? — Tu le sais bien ! (Elle lui tend le bonnet ; Brand se rapproche et demande, avant de le prendre :) « Volontiers et sans regret ? — D'un cœur joyeux ! — C'est bien ! Donne-le donc aussi pour l'enfant pauvre ! »

De même, dans les *Soutiens de la société*, il s'agit de la contradiction qui existe entre la position d'un homme dont l'honorabilité paraît à l'abri de tout soupçon, et les moyens par lesquels il l'a acquise. Le consul Berwick, aux débuts de sa carrière, a dû, pour sauver de la ruine la maison qui portait son nom, laisser courir le bruit qu'elle avait eu à subir une série de vols et laisser peser l'accusation de ces vols sur son ami intime, son futur beau-frère, Jean Tœnnesen, qui le savait et se sa-crifiait pour lui en partant sans se justifier. Cette faute première engendre une longue série de mensonges et de lâchetés; son sauveur devient sa victime : il refuse de lui rendre justice, sachant qu'il ne peut le faire qu'en sacrifiant son honorabilité et tous les avantages qu'il en retire journellement, son bonheur sa position, sa fortune. C'est en vain que sa demi-sœur, qui est dans le secret, cherche à réveiller sa conscience ; c'est en vain que Jean Tœnnesen lui-même, revenu, après une longue absence, le supplie de faire cesser d'un mot l'injuste réprobation qui l'enveloppe : il se raidit, il se défend de toutes ses forces, prêt à tous les mensonges, à tous les parjures qu'il faudra pour sauver son honorabilité. Jean, qui possède de lui une lettre compromettante, l'en menace ; mais avant de se faire rendre justice, il faut qu'il retourne en Amérique, et Berwick se débarrassera de lui en le laissant s'embarquer sur un navire qu'il sait insuffisamment réparé et condamné à une perte certaine. Et il faut une série de hasards pour défaire cet abominable réseau de mensonges, pour amener Berwick à s'amender et pour terminer par un dénouement heu-

a..

reux, qui, du reste, n'est pas dans l'esprit de la pièce et paraît une concession faite à l'optique du théâtre.

Qu'est-ce encore que les deux pièces les plus connues d'Ibsen, *Maison de Poupée* et les *Revenants*, sinon le procès, non du mariage, mais de la façon dont le mariage est compris? Dans *Nora*, on voit un mariage se dissoudre tout à coup, parce que la femme s'aperçoit que son mari est une créature d'autre espèce qu'elle, qu'il l'a méconnue, qu'il est incapable d'apprécier son cœur et de lui faire dans son estime le rang auquel elle a droit : et elle le quitte, plutôt que d'accepter, selon son expression, la vie commune avec un étranger. Dans les *Revenants*, on voit les suites de la solution contraire : la femme, Mme Alving, qui voulait partir, est restée, parce que le pasteur Manders, pour qui elle éprouvait une secrète tendresse, lui a fait comprendre que c'était son devoir, que les convenances et la morale lui interdisaient un scandale. Je sais peu de plus belle scène que celle dans laquelle, trente ans plus tard Mme Alving, explique au même Manders ce qu'a été sa vie ; il a cru, comme tout le monde, que l'orage s'était apaisé, que la jeune femme, digne et trompée, avait pardonné, que le chambellan Alving, après quelques incartades, était rentré dans la correction : est-ce que sa veuve ne vient pas de construire un asile qui doit porter le nom de son mari? n'est-ce pas là un témoignage qu'elle veut rendre à sa conduite assagie? Point. Ces correctes apparences cachent une existence de douleurs, d'humiliations, de honte, un long calvaire gravi le front haut, le sourire aux lèvres — avec quel regret d'avoir sacrifié toute sa vie à des conventions qui, une fois violées, n'existent plus ou ne sont qu'hypocrisie!

Enfin, *Empereur* et *Galiléen*, un drame historique en deux parties, qui est l'œuvre la plus considérable du dramaturge norvégien, synthétise toutes ses idées et prend les proportions d'un réquisitoire dressé contre les bases de la morale et de la société modernes. Cette œuvre mériterait, à elle seule, une longue étude : nous ne pouvons ici qu'en indiquer les grandes lignes.

Sous l'empereur Constance, la jeune religion chrétienne a déchu, tiraillée entre les
divisions des innombrables sectes. Julien, qui
était au commencement un partisan passionné
des dogmes nouveaux, en arrive peu à peu, soit
par le commerce qu'il entretient avec des mystiques grecs, soit poussé par les événements
de sa vie, à considérer le christianisme comme
une erreur et une folie; il revient donc au
culte des dieux de la Grèce et de la beauté.
Comme la mort de Constance lui donne le
sceptre, son apostasie prend une immense
importance. D'abord il veut se montrer tolérant et respecter toutes les croyances. Mais,
mal entouré, sensible à la flatterie, faible de
caractère et d'un esprit sujet à de brusques
secousses, il se laisse entraîner dans la voie
des persécutions. Ce qui se produit alors vient
à l'encontre de tous ses calculs : les chrétiens
se réveillent sous les coups dont il les frappe,
les plus tièdes deviennent ardents, les sectes
ennemies se rapprochent, de tous côtés on
court au martyre avec joie, en même temps
qu'apparaît, au contraire, l'impuissance des

anciennes croyances ; en sorte qu'il sert la cause qu'il croyait ruiner, qu'il voit se détacher de lui ceux-là même qu'il comptait employer comme instruments dans sa lutte, et qu'il meurt en se sentant vaincu. Tout l'effort du poète porte sur la peinture du caractère de Julien, qui ne ressemble point, il est à peine besoin de le dire, au Julien de l'histoire, mais qui sert à traduire, comme une sorte de symbole, la conception que s'est faite Ibsen des redoutables problèmes auxquels il touche. Et il n'est pas difficile de reconnaître que, comme un de ses personnages dont il semble avoir fait son porte-parole, le mystique Maximos, il comprend la nécessité historique de l'avènement du christianisme sans l'admirer ni l'aimer, sans cesser d'aspirer à un « troisième règne », qu'il ne définit pas, mais qui serait la réconciliation entre la théorie de la jouissance, fond des croyances païennes, et celle de la renonciation, base des doctrines nouvelles. C'est certainement lui qui parle quand son héros dit : « Toute ma jeunesse n'a été qu'un effroi limité devant l'Empereur et devant le Christ. Il est terrible, cet Homme-Dieu énigmatique et sans pitié. Partout où j'ai voulu aller, il s'est trouvé devant moi, avec ses exigences absolues et inexorables. » Avec lui encore, il regrette « le trésor perdu de la sagesse ancienne », la beauté disparue, la gaieté des fêtes de Vénus et de Bacchus, qu'il essaie de ressusciter et dont il ne parvient à faire que d'odieuses orgies. Mais c'est lui également qui, par la bouche de Maximos, se console de cette inévitable tranformation dans l'attente d'un avenir plein de mystère.

« Dans le voisinage d'une ville que j'ai autrefois habitée, raconte en effet l'ingénieux philosophe, il y avait une vigne célèbre pour l'excellence de ses raisins ; quand les bourgeois de la ville voulaient de bons raisins, ils en faisaient chercher là. Or, il y a quelques années, je retournai dans cette ville, et personne ne connaissait plus les raisins jadis si estimés. Je cherchai donc le propriétaire de la vigne et je lui dis : « Est-ce que tes ceps sont donc morts, mon ami, que per-

sonne ne connaît plus tes raisins ? — Non,
me répondit-il, mais tu sais que les jeunes
ceps donnent de bon raisin et de mauvais
vin, et les vieux ceps, au contaire, de mauvais raisin et de bon vin. C'est pourquoi,
étranger, je réjouis encore les cœurs de mes
concitoyens, grâce à l'abondance de ma vigne,
mais autrement : par le vin, non par les
raisins... Le vignoble du monde a vieilli, et
tu veux encore offrir des raisins à ceux qui
maintenant ont soif de vin nouveau !... »

Comme pour que sa pensée de révolte soit
plus clairement exprimée, Ibsen fait inter-
venir, dans la plupart de ses pièces, des personnages qui ont rompu avec les conventions
sociales et qui, sous les dehors d'une vie
déréglée, cachent toutes les qualités de droiture, de franchise et d'honnêteté dont sont
dépourvus les autres, les réguliers. Tel est
le Jean Tœnnesen des *Soutiens de la société,*
et aussi l'étrange personne qui l'a accompagné
dans ses voyages en Amérique, sa demi-sœur
Lona Hessel : pour lui, elle est montée sur

les planches d'un café-concert, elle a couru
les pampas en vêtements d'homme, elle
a même écrit un roman qui a soulevé des
tempêtes. Aussi a-t-elle fait scandale dans sa
ville natale, où, quand elle revient, on la regarde comme un malséant objet de curiosité,
dont il ne faut pas trop approcher. Et c'est
elle qui amène Berwick à reconnaître ses
fautes, c'est elle qui tire la morale des événements auxquels elle a assisté : « Liberté
et Vérité, voilà les soutiens de la société. »

Les personnages comme Jean Tœnnesen
et Lona Hessel, dans les pièces d'Ibsen, ont
toujours raison contre les autres, les pasteurs,
les recteurs, les gens qui représentent l'ordre
établi. Toutes les fois que ceux-ci émettent
un jugement, les faits viennent leur donner
tort, et ils apparaissent presque toujours,
ou comme des esprits faibles, facilement
dupés, incurablement ignorants des hommes
et des choses, ou comme des chevaliers d'in-
dustrie enveloppés d'apparences très respec-
tables, et inconscients, tant ils sont persuadés
qu'ils agissent comme tout le monde. « Exa-

mine l'intérieur des hommes les plus estimés,
dit Berwick à Lona Hessel, et tu trouveras
en chacun au moins un point noir qu'il fau
dissimuler. — Et vous vous appelez les soutiens de la société ! s'écria Mlle Hessel. —
Elle n'en a pas de meilleurs. — Alors qu'importe qu'une telle société soit soutenue ou
non !... »

Vous voyez qu'Ibsen va jusqu'au bout de
ses théories, avec une logique inflexible,
comme Brand, son héros préféré. Il en a
souffert quelquefois : ce n'est pas impuné-
ment qu'on rompt aussi complètement avec
les opinions reçues, surtout dans un petit
pays très attaché à ses traditions, où l'opinion exerce son pouvoir avec une extrême
rigueur et ne tolère pas volontiers le libre jeu
des idées. De là une de ses dernières œuvres,
et des plus belles, son drame de *Rosmersholm,*
sur lequel je voudrais insister encore :

Rosmersholm est le nom d'une propriété
qui depuis des générations appartient à la
famille des Rosmer, de père en fils pasteurs
ou magistrats. Le dernier des Rosmer était

pasteur ; mais, après la mort de sa femme, qui était atteinte d'une maladie mentale et s'est suicidée, il a renoncé aux croyances de sa jeunesse et il est sur le point de passer dans le camp des « progressistes », pour travailler avec eux à l'œuvre d'émancipation qu'ils poursuivent. La lutte entre les deux partis, progressite et conservateur, est à ce moment des plus vives : et tout de suite Rosmer, qui est d'une nature toute contemplative, et n'a jamais connu les hommes, apprend ce qu'il en coûte de se jeter dans la mêlée. Il se fâche avec son plus ancien ami, le recteur Kroll, qui dirige la résistance des conservateurs et qui, tout de suite, commence à le calomnier sans aucun égard ni pour leur ancienne amitié, ni pour la noblesse de son caractère ; d'autre part, il ne comprend pas grand'chose au langage que lui parlent ses nouveaux alliés, gens habiles, très diplomates, qui voudraient que, pour donner plus de poids à son adhésion à leurs idées politiques, il gardât le secret sur la transformation religieuse qui s'est opérée en lui. Rosmer

a conservé chez lui l'ancienne gouvernante
de sa femme, une personne d'une trentaine
d'années, nommée Rebecca West. Il vit avec
elle dans une sorte d'union spirituelle, dans
la plus complète intimité de pensées — à ce
qu'il croit du moins — l'aimant sans s'en
douter, jusqu'au jour où les calomnies que
ses anciens amis répandent sur lui l'éclairent
sur son sentiment. Mais en même temps, il
découvre peu à peu que Rebecca n'est pas ce
qu'il croyait : elle s'est introduite chez lui
avec le but déterminé de s'emparer de lui,
elle a poussé sa pauvre femme au désespoir
en lui laissant pénétrer la transformation morale qui s'opérait en Rosmer et que Rosmer lui
cachait soigneusement, plus tard même en
la trompant sur la nature des relations qu'elle
entretenait avec lui, en sorte qu'elle est responsable de sa mort : la malheureuse créature ne s'est pas tuée dans un accès de folie,
comme on l'a cru, mais parce qu'elle s'est
figuré qu'elle était un obstacle au bonheur
de son mari. C'est Rébecca elle-même qui
avoue toutes ces machinations à Rosmer,

quand il lui demande sa main : elle aussi s'est transformée aux côtés de cet homme honnête et bon ; elle n'est plus l'intrigante qu'elle était à son arrivée : elle a été vaincue par ce qu'elle appelle « les idées de la famille de Rosmer » qui, dit-elle, « ont énervé ma volonté et l'ont pliée sous un joug pour lequel elle n'était pas faite. Les idées de la famille Rosmer ennoblissent, mais tuent le bonheur... » Rosmer est brisé par cette découverte : elle lui enlève, avec sa bonne conscience, toute sa force ; il se croit coupable, il se croit criminel ; il ne se sent plus ni le courage ni la volonté d'entrer dans la mêlée où il comptait rendre tant de services aux hommes. En même temps, il aime cette Rébecca à laquelle l'attachent tant de liens d'habitude et une sympathie qui résiste à tout. Il lui pardonne. Il pourrait encore être heureux avec elle s'il parvenait à croire à la nécessité de sa transformation. Mais il ne peut pas, il sent que, quoi qu'elle fasse, il doutera toujours d'elle. Une seule chose pourrait le convaincre : c'est qu'elle fasse ce que sa femme a fait. Dans un entretien suprême, il se laisse entraîner jusqu'à le lui dire. Rébecca comprend et sent, en effet, que c'est la solution, et, après une scène admirable qu'il faudrait citer tout entière pour faire admettre l'étrangeté de ce dénouement, ils vont ensemble se jeter dans la rivière même où avait fini leur victime.

Il y a, dans toutes ces pièces, certains traits qui nous les font paraître très étrangères, par lesquels elles sont bien d'une race que nous connaissons peu et dont nous différons beaucoup : un vigoureux individualisme, l'individualisme propre aux peuples du Nord, obligés de dépenser une plus grande énergie dans la lutte pour la vie, plus pénible qu'ailleurs sous un climat rigoureux, et dont Ibsen est imprégné jusqu'aux moelles ; une conscience puritaine, à la fois pointilleuse et rigoureuse, la conscience que forme et développe la pratique d'une religion austère ; une conception générale de la vie, de ses devoirs et de ses fins, beaucoup plus sévère que la nôtre, si sévère que parfois elle nous paraît exagérée et fausse, et que nous avons peine à admettre quelques-unes des situations auxquelles elle conduit ; une façon tout autre de poser et d'examiner les problèmes de morale et de philosophie ; en sorte que des personnages comme Brand ou comme Rosmer, qui sont à coup sûr les figures les plus caractéristiques de la galerie d'Ibsen, nous échappent en partie, et que c'est seulement par un grand effort de sens critique que nous parvenons à les saisir.

Mais cet effort vaut la peine d'être tenté. De plus en plus, il devient nécessaire de se familiariser avec les idées les plus éloignées et les sentiments les plus étrangers. Le développement de la pensée moderne n'est plus l'apanage d'un petit nombre de nations. Des peuples qui, jusqu'à présent, étaient demeurés en dehors du mouvement intellectuel, y apportent à leur tour des éléments nouveaux ; et si, dans ce travail, les nations perdent un peu de la vivacité, de l'originalité de leurs qualités particulières, elles gagnent peut-être une plus complète intelligence des conditions et des destinées de l'humanité civilisée. Pourquoi donc refuserions-nous aux personnages scandinaves d'Henrik Ibsen un peu de l'attention que nous avons si largement prêtée aux héros russes des Tolstoï et des Dostoïewsky?

En tout cas, quelle que doive être en France le sort de ses pièces, nous ne pouvons que remercier leur consciencieux et fidèle traducteur. Peut-être a-t-il parfois, par amour de l'exactitude, sacrifié le brillant de l'expression : étant donné son but, il a eu raison, et nous lui devons de pouvoir en tout cas nous faire de *Maison de Poupée* et de *Revenants* une idée extrêmement exacte. Espérons qu'il persévérera dans son entreprise, et nous donnera bientôt les autres œuvres d'Ibsen, surtout ce beau drame de *Rosmersholm*, qui me semble supérieur encore aux autres.

Genève, 15 février 1889.

ÉDOUARD **ROD.**

LES REVENANTS

DRAME EN TROIS ACTES

NOTICE
SUR LES REVENANTS

Cette pièce est certainement celle qui a le plus
contribué à faire connaître le nom d'Ibsen hors des
limites de la Scandinavie. Son audace ne suffit pas à
expliquer ce succès. De nos jours les audacieux ne
sont pas rares et plus d'un essaie d'ouvrir la porte de
la popularité à coups de scandales littéraires. On peut
hardiment affirmer que le poète norvégien est aussi
éloigné d'un calcul de ce genre que l'est, en France,
un grand écrivain dont la critique allemande prononce
le nom à côté de celui d'Ibsen : je parle de M. Emile
Zola, sous les auspices de qui, une vaillante initiative
particulière va bientôt soumettre au jugement du
public parisien cette œuvre qui semble, à première
vue, on ne peut plus étrangère à ses habitudes, si ce
n'est à sa nature.

Je n'ai pas la mission de porter un jugement critique sur le génie d'Ibsen. Une plume plus autorisée
que la mienne vient de s'en acquitter. Je ne veux pas
non plus, pour le moment du moins, entrer dans des
détails sur l'homme lui-même, sur sa vie et sur ses
luttes. Je préfère attendre pour cela que le nom
d'Henrik Ibsen soit plus connu en France et continuer
à réunir pendant ce temps, au sujet du solitaire de

Munich, des données que je me crois à même de puiser à bonne source et dont l'intérêt ne peut que s'accroître pendant que leur nombre grandira.

Les quelques mots qu'il m'est permis de dire en tête de cette traduction n'ont d'autre but que de placer, si faire se peut, le lecteur ou le spectateur des *Revenants* au point de vue d'où le drame m'est apparu à moi-même quand je le vis représenté pour la première fois, devant un public recueilli, sur le Théâtre-Royal de Stockholm.

Dès avant son apparition dans la capitale de la Suède, les murmures que le chef-d'œuvre d'Ibsen avait soulevés à son début avaient cessé dans ce pays. Ils se prolongèrent davantage dans la patrie de l'auteur et, si je ne me trompe, il n'y a qu'un an ou deux que *les Revenants* a été représenté à Christiania. L'opposition que rencontra la mise à la scène de ce drame a sa source dans les profondeurs même qu'atteignait impitoyablement le scalpel du moraliste. Je veux parler des groupes sociaux qui, avec le clergé de campagne et de petite ville comme noyau, possèdent en Norvège une autorité souvent dangereuse pour l'Etat lui-même. L'esprit de paroisse et de clocher est loin de s'identifier, dans ce pays, avec l'idée monarchique, appuyée sur les couches supérieures de la population. Dans ces petits centres, éloignés les uns des autres, les intérêts locaux 'et individuels passionnent plus que tout autre mobile. On y est conservateur des situations acquises, jaloux d'une influence lucrative dans son petit milieu, désireux d'exploiter le pouvoir du clergé sur des populations religieuses et d'entretenir en lui les ambitions et les petites passions humaines qui en font un allié souple et docile, étant intéressé. Mais vis-à-vis du pouvoir central, on se montre volontiers indépendant, frondeur, prêt à la menace et même à la résistance.

Ibsen a vécu, durant tout le cours de sa jeunesse, dans un de ces centres étroits, répugnants à sa nature, réfractaires à son action. Il a été maltraité, persécuté, il a failli être étouffé à ses débuts, et, non pour se venger, mais pour faire œuvre de justice et d'épuration sociale, il a flagellé plus tard ces pharisiens, en faisant grimacer leur petitesse et leur hypocrisie. Il l'a fait toutefois sans fiel, se plaçant à un point de vue élevé et philosophique, diminuant les responsabilités personnelles pour les remplacer par une responsabilité collective, sociale et, d'un autre côté, ne voyant pas de meilleur moyen d'action contre le mal engendré par la société qu'un appel à l'individu, au fond d'indépendance que chacun porte en soi et qui devrait le mettre en garde contre le mensonge intéressé des principes inscrits sur les bannières et des mots d'ordre servant de réclame.

C'est, en effet, dans son amour pour la vérité, infiniment plus que dans sa situation individuelle que le poète avait été blessé par la mesquinerie des siens. Les offenses au Vrai lui paraissent autant d'injures personnelles. Il en souffre profondément, mais la souffrance, loin d'étouffer en lui la réflexion, ne fait que la stimuler. D'une nature essentiellement spéculative, il n'a jamais pu s'empêcher de remonter des effets aux causes. Il a relevé un principe général, la transmission fatale, l'hérédité, qu'il a porté sur la scène comme M. Zola l'a mise dans ses romans. Le mal aussi, local au début, au moment de l'observation, se généralise pour lui à la réflexion et ses types s'en ressentent heureusement et deviennent des types humains.

Il en est ainsi des personnages des *Revenants* et de l'action elle-même. L'enveloppe est norvégienne, mais les idées suggérées par cette œuvre et l'impression qu'on en rapporte sortent assurément de ce cadre étroit. Ce ne sont pas seulement les habitants de Bergen, où Ibsen, directeur de théâtre, a eu l'occasion d'étudier l'homme et la société, c'est l'homme et la société partout où on leur présente ce miroir, qui peuvent s'y reconnaître.

J'ai vu *les Revenants*, représenté dans le chef-lieu d'un canton suisse, une vieille ville où l'esprit public ne saurait être mieux symbolisé que par l'inscription « *au pas !* » qu'on lit aux abords de ses édifices. La vétusté des monuments redoute jusqu'à l'allure, si peu alarmante pourtant, des chevaux de fiacre, dont l'approche les fait trembler sur leurs bases. La pièce fut interdite après une seule représentation, un édile s'étant reconnu dans le personnage du pasteur Manders, que des intrigants exploitent au nom de la religion et de la charité et aussi au nom de sa terreur devant les organes de l'*Opinion*. Le pauvre directeur, pour se faire pardonner son imprudence, dut se rejeter bien vite sur *Guillaume Tell* et la *Muette*, dont les cris de révolte, peu dangereux pour les intérêts locaux, électrisent ces mêmes esprits, amoureux de la Liberté tant qu'elle ne leur adresse pas de réclamations personnelles.

La haine de la cuistrerie — on ne peut pas dire la haine des cuistres, Ibsen n'en ressentant pas contre les individus — a naturellement éloigné le poète d'un cercle où cet élément domine. Cet éloignement, à son tour, l'a rapproché d'un autre milieu où son sens

délicat lui a révélé plus de franchise, plus de liberté
de cœur, la seule qu'il apprécie véritablement, celle
dont il appelle, dont il attend l'avènement dans les
affaires de ce monde. En Norvège, c'est l'élément
conservateur, ce sont les héritiers d'une aristocratie
disparue des institutions, mais non de la vie sociale,
qui l'ont longtemps regardé comme un allié. A l'étranger, à Rome, où il était allé chercher *de la lumière*,
pour parler son langage, — celui d'Oswald dans *les
Revenants*, — ce fut la société des fils de famille de
sa race que le bohème de génie, peu connu encore
dans ce temps-là, recherchait à l'égal de celle des
artistes scandinaves. Ce sont eux à qui il accordait
ses sympathies, pour peu qu'il reconnût dans leur esprit le goût de ce qu'il aimait, le beau dans la nature,
le vrai dans la pensée et dans la parole. Près d'eux
aux heures d'épreuves, il rencontrait cette fraternité
sincère qui, dans les pays lointains, groupe généralement en un faisceau les diverses branches de la famille
scandinave, passablement désunie dans ses foyers.

En Allemagne aussi, quand le poète, établi à Munich, commençait à voir se répandre autour de lui la
gloire et l'influence de ses œuvres, ce fut une illustre
protection qui donna à celles-ci et à leur auteur la
place qui leur convenait. Là, de même qu'en Norvège,
Ibsen eut à lutter contre la mesquinerie des vues et
la grossièreté des moyens. La censure, avec son éternelle et universelle gaucherie, ne sut pas discerner
l'idée profonde du poète de celle qu'il prête à Mme Alving, accusant, avec une exagération féminine, la
règle et la loi de causer tous les malheurs de ce
monde. *Les Revenants* fut interdit à Berlin. Alors le
duc de Saxe-Meiningen, ce prince qui, au milieu de

la disette littéraire qui sévit dans l'Allemagne contemporaine, rêve aux beaux jours de Weimar, fit jouer le chef-d'œuvre du dramaturge norvégien par la troupe d'élite dont on n'ignore pas les tournées européennes et les légitimes succès. Il veilla lui-même à la mise en scène, aux répétitions et, enthousiaste de l'homme non moins que de son talent, il fit asseoir à côté de lui, dans sa loge grand-ducale, le soir de la première représentation, le poète à la tête puissante, à la blanche chevelure, épaisse comme celle d'un dieu du nord, dont la figure est aujourd'hui aussi populaire sur les bords de l'Elbe que sur les rives du Mélar.

Il y a encore, dans les faits et gestes d'Ibsen, bien des choses qui déplaisent à ceux que gênent ses enseignements, et la raillerie ne lui est pas épargnée. On parle de la brochette de décorations qui orne sa sévère redingote quand il paraît en public. On taxe de vanité le choix qu'il a fait pour son fils de la carrière diplomatique qui, d'ailleurs, semble sourire au jeune homme. On ricane enfin en voyant ce sexagénaire goûter avec quelque complaisance à la flatterie féminine qui s'associe gracieusement aux réceptions organisées pour lui pendant ses rares visites en Scandinavie. Ne s'est-il pas entouré de préférence d'un petit bataillon de femmes enthousiastes lors de ces fêtes de Stockholm, où il a eu l'occasion, il y a deux ans, d'exposer ses idées, d'une nature assez mystique, sur le *troisième âge*, dont il attend la venue et qui est, à proprement parler, l'âge de la vérité libre et triomphante, l'affranchissement de l'individu en face de la société ?

Mais l'énoncé seul de ces théories qui ont, dans le cœur et dans l'esprit du poète, de profondes racines.

faciles à découvrir à qui examine sa vie et son œuvre, n'indique-t-il pas en lui l'ennemi des utopies rivales, celles qui n'ont en vue la destruction de l'ordre établi qu'au profit d'un ordre nouveau organisé par leurs adeptes. Il y a là, aux yeux d'Ibsen, outre un cercle vicieux venant de ce que toute organisation n'a qu'une valeur relative et temporaire, une source d'ambitieuses prétentions, un manteau commode pour les calculs les plus intéressés. Il faut avouer que l'histoire des révolutions a donné raison, jusqu'à présent, à cette manière de voir. Aussi les a-t-il en horreur. N'oublions pas qu'Ibsen est d'un pays où les principes de 1789 ont passé à l'état de dogme officiel, sévèrement observé, consacré par les institutions, gravement professé par les couches dirigeantes. Les titres de noblesse, abolis en Norvège, n'y ont pas été rétablis. Une censure morale pèse sur les mœurs, en bannit le luxe apparent et impose une dissimulation prudente au plaisir comme à la vanité, qui s'y astreignent sans abdiquer. Arborer des brochettes dans une société de puritains peut être aussi crâne que l'a été, à un moment donné, l'action de planter sur sa tête le bonnet phrygien et d'orner sa boutonnière de la cocarde tricolore. La modestie habituelle du poète, sa vie simple et laborieuse et son goût pour la solitude sont un sûr garant que tel est son sentiment, qu'il n'obéit pas à une puérile vanité et qu'il fait véritablement acte d'indépendance en témoignant de son dédain pour les superstitions doctrinaires. Il y a là une interversion que l'on saisira sans peine.

J'ai déjà indiqué les mobiles qui attirent Ibsen du côté de certains groupes sociaux. Comparés aux cercles dont il s'est affranchi dans sa jeunesse, ils représentent pour lui une vie morale plus libre et plus délicate et il n'est pas étonnant qu'avec de telles idées il ait tenu à y faire admettre son fils. Il est loin d'ailleurs de toute partialité aveugle et, dans *les Revenants,* il va jusqu'à mettre à jour les places les plus secrètes qui flétrissent cette classe de la société.

Le dramaturge est-il dans le vrai en faisant remonter l'origine du mal jusqu'à cette compression morale dont je viens de parler? Ce n'est pas ici le lieu de discuter sa thèse. Elle a beaucoup occupé les esprits. On s'est demandé en outre à quelle tare Ibsen faisait allusion en présentant Oswald Alving comme la victime expiatoire des vices de son père et en personnifiant en lui, avec cette nuance de symbolisme qui lui est propre, le génie atrophié dès son origine par les conditions que lui font la nature et la société. Plus d'un a songé à ce mal sinistre qui sévit dans les pays scandinaves avec plus d'intensité qu'ailleurs et qui, à travers de sombres métamorphoses, imprime à des générations entières le stigmate dont la fatalité peut marquer un individu à la faveur d'un seul instant d'entraînement. D'autres, avec plus de raison, je crois, ont pensé qu'il s'agissait là des résultats héréditaires d'une débilitation physique allant de pair avec une dissolution morale. Quoi qu'il en soit, attaquer de tels sujets n'était pas fait pour effrayer Ibsen et les dispositions du public dans son pays ne pouvaient lui faire craindre là une pierre d'achoppement pour le succès de la pièce. Quelle qu'ait été l'interprétation de ce point délicat, elle n'a eu pour effet que d'accroître encore le sentiment de terreur sourde que j'ai vu répandu dans le public pendant les représentations des *Revenants.* On aurait dit un sermon du père

Bridaine. On retenait son souffle, on n'applaudissait pas, et, pendant les entr'actes, c'étaient des observations, des réflexions à voix étouffée, qui se pressaient, sans se changer en discussion; des énergies abattues, des préoccupations soucieuses se lisant sur les fronts et, par-dessus tout, un intérêt, une curiosité tendue jusqu'à la fièvre et comblant la salle toutes les fois que la pièce reparaissait sur l'affiche.

Je me hâte d'ajouter que cette impression n'était due qu'en partie au côté *naturaliste* de l'œuvre, à ce qu'a de saisissant le spectacle du fléau fatal sur la scène. Sans nier qu'un piment de ce genre soit fait pour troubler les esprits et attirer la curiosité inquiète de la foule, il ne faut pas exagérer la portée de la scène finale, de ce tableau dont l'exactitude scientifique a été contestée par les uns, admirée par les autres, mais dont on ne peut méconnaître la sombre poésie et la grandeur tragique, qui fait songer aux scènes terrifiantes d'*Œdipe Roi*. Non ! on peut affirmer que, même sans ce clou, l'effet aurait été produit. Il me suffira de constater à ce sujet que cette scène ne vient qu'à la fin et que j'ai vu le public scandinave captivé dès le premier acte, dès l'exposé de la situation dramatique et de la donnée morale sur laquelle elle repose. En Allemagne, c'est même là la partie de l'œuvre qui a eu le succès le plus incontestable. C'est que c'est un terrible remueur de consciences qu'Henrik Ibsen. C'est là qu'il place sa force et de cela qu'il se fait un attrait. Car il les remue à sa manière. Les voix qu'il éveille sont celles des revendications individuelles, de l'affirmation de sa personnalité, de la contemption superbe des lâchetés et des capitulations. Et cela quand même, sans crainte des résultats, dussent-ils paraître funestes et même meurtriers : tout vaut mieux que l'état de mensonge auquel l'inertie et la pusillanimité réduisent l'être humain.

Certes, ce sont là des accents qui peuvent éveiller quelques alarmes, si l'on considère qu'il n'y a pas de révolution plus dangereuse que celle qui se met à germer en secret au fond des consciences et qui, un jour, par l'effet de sa logique intrinsèque, aboutit à une explosion sociale. La parole d'Ibsen ne porte-t-elle pas en elle une de ces dangereuses semences ? Encore une fois, il ne m'appartient pas de discuter ici cette question qui, d'ailleurs, devrait être généralisée et embrasser toute une doctrine philosophique dont le dramaturge norvégien n'est que l'interprète sur la scène. Je me bornerai à affirmer que ce danger, si c'en est un, n'existe pas en Scandinavie. La passion spéculative y règne sans doute plus encore qu'en Allemagne, mais cette passion, qui a parfois conduit les Allemands à des mouvements politiques et sociaux, n'a jamais eu cet effet sur les populations suédoises et norvégiennes. Elle a pénétré dans le peuple sous forme de doctrines religieuses et morales, donnant naissance à des sectes ou créant simplement une nouvelle disposition d'âmes, comme le piétisme pur. Les classes supérieures s'abandonnent aux charmes plus raffinés du mysticisme philosophique qui, sous des apparences diverses, Swédenborgisme, Spiritisme et même Kantisme et Hartmanisme, parle aux esprits et pénètre jusqu'aux cœurs, grâce à un idéal de charité que ces enseignements portent en eux et que le Scandinave sait en extraire. Chez lui, c'est par l'intelligence qu'on arrive généralement au sentiment et réciproquement. La vibration est d'autant plus vive qu'on a touché à des cordes plus profondes. Les creuses déclamations, les sentimentalités vagues n'ont pas de prise dans ces pays. C'est qu'à côté d'une grande sensibilité règne un sens clair et délicat, qui est comme le tout dans les choses de l'intelligence. Avide de jouissances où l'imagination, la sensibilité, quelquefois même les sens, ont leur part mesurée, le Scandinave admet toutes les hardiesses faites pour tenir son être moral en éveil : car la torpeur lui est odieuse. Dans ce sens, Ibsen personnifie admirablement le génie scandinave. Ce génie s'est nourri d'enseignements autrement subversifs que les siens. Mais ils ne l'ont jamais fait descendre de son domaine idéal. S'il adore le trouble de l'âme et des passions intimes, il déteste le désordre des rues. Il peut appeler des transformations sociales et même les préparer, il ne les précipitera pas par la violence. Ses idées amènent les réformes avec une telle puissance que les gouvernements n'essaient pas de leur résister. Mais le laboratoire où elles se préparent est loin de la place publique. École, temple ou théâtre, il porte le même caractère, exerce la même attraction, répond au même besoin. Et le professeur, le prêtre, le dramaturge ont la même méthode à observer, le même chemin à suivre : par l'intelligence au cœur et par le cœur à l'intelligence. Le résultat, s'il est heureux, a de quoi satisfaire l'amour-propre le plus exigeant. Presque dans tous les domaines, celui qu'on écoute devient un apôtre, ceux qui écoutent des prosélytes, et l'admiration prend des allures de fanatisme.

Si l'on se représente maintenant ce fanatisme professé par des femmes dont l'œil bleu s'anime sans perdre de sa douceur, dont le front se lève vers le poète, clair et confiant, dont tout l'être vibre sans perdre de son harmonie et dont, rien qu'à les voir, le cœur promet une abondante moisson au maître qui en prend la direction, on comprendra qu'Ibsen, à Stockholm ou dans toute autre ville scandinave, se soit entouré de préférence d'un aréopage féminin. Ne lui en faisons pas un reproche et laissons le philosophe cueillir, comme tant d'autres, les roses de l'apostolat après en avoir connu les épines.

L'apostolat! Quel terrible ministère à exercer à Paris! On a remarqué le ton sceptique, le masque moqueur que plus d'un moraliste a dû adopter pour pouvoir imposer sa propagande, alors même qu'elle disposait des dons les plus rares. Qu'on songe seulement à M. Alexandre Dumas fils. Pardonnera-t-on à un étranger de se risquer dans l'arène sans précautions, visière levée? Je compte à cet effet sur la disposition où le jeu des acteurs réussira à placer un public naturellement impressionnable et avide avant tout de nouveau et de vrai. Ai-je réussi à montrer combien Ibsen était sincère? A-t-on compris combien il tient à découvrir dans les cœurs et dans les imaginations un point sensible qui les rende attentifs à sa parole? Que ses interprètes se pénètrent de son esprit. Avant tout pas de déclamation! On en fait beaucoup trop en Allemagne. En Scandinavie, s'il y avait quelque exagération à craindre, ce ne serait qu'une trop grande recherche de naturel et de simplicité.

Il n'est certes pas facile d'entrer dans l'âme de ces personnages exotiques. Je ne crains pas trop pour Oswald. Un artiste névrosé! Hélas! quel est, de nos jours, l'homme d'imagination qui ne comprenne pas ce rôle? Sur quelques-uns d'entre eux, il a exercé une

telle séduction, qu'on a vu un jeune romancier danois
du plus grand talent, M. Hermann Bang, monter sur
la scène et entreprendre des tournées rien que pour
jouer Oswald Alving.

Mme Alving est plus difficile à comprendre. Je vois
encore, dans ce rôle, la vaillante norvégienne, à la
chevelure blanche rejetée en arrière, au regard franc
allant droit au pasteur avec une bonté sincère n'ex-
cluant pas un brin de scepticisme, étalant ensuite
devant lui, avec une hardiesse simple et convaincue,
le souverain orgueil d'une conscience qui s'est façonnée elle-même, les convictions amères que la vie
lui a inspirées, emportée enfin par la passion instinctive d'une mère prête à tout pour sauver son enfant
et, durant la terrible minute du dénouement, laissant
planer une effrayante incertitude sur le sentiment
qui triomphera dans son être bouleversé.

Le pasteur Manders est peut-être, de tous les personnages des *Revenants*, celui dont la nature est
la moins saisissable pour une conception française.
Cet être timoré, d'un esprit plutôt circonscrit par les
principes acquis que borné en lui-même, d'une bonté
dévoyée par l'exercice routinier de son ministère et
par les traquenards que lui tendent les exploiteurs de
la charité officielle, d'un jugement absolument faussé
par les formules dont se paie sa morale, est évidemment la contre-partie de Mme Alving et sert d'anti-
thèse à son caractère. C'est l'être qui comprime son
individualité opposé à celui qui ne pense qu'à l'affranchir. Cette compression, jointe aux étonnements, aux
troubles, aux mécomptes que lui cause le contact de
la vie réelle n'est pas sans produire des effets comiques.
On fera bien de les accentuer délicatement, dans le

premier acte surtout, où ils sont faits pour animer une action un peu lente à se dérouler. Mais qu'on se persuade bien qu'il ne s'agit ni d'un grotesque fantoche, ni d'un hypocrite. « Vous êtes un grand enfant, » dit Mᵐᵉ Alving en jetant ses bras autour du cou de Manders, qui se recule scandalisé et troublé à la fois. Qu'on se souvienne de ce trait. C'est là tout le personnage.

Le Tartuffe de la pièce, Tartuffe ignoble et grossier, c'est le menuisier Engstrand. C'est une figure sinistre que celle de ce cagot à l'enveloppe rugueuse, à la nature inculte et compliquée comme le chaos originel, avec des abîmes d'hypocrisie dans les ténèbres de son âme et des ressources instinctives de brute dans sa lutte pour l'idéal d'existence que lui présente sa grossière et vicieuse imagination. D'ailleurs, nul scrupule dans cette conscience sur laquelle les enseignements d'hommes comme le pasteur Manders n'ont pu, bien entendu, avoir aucune action. Ah ! la belle proie pour les instincts violents et cupides de cet *homme de la nature* que la naïveté du *grand enfant* qui représente toute une classe mal préparée pour la lutte morale, tout comme Engstrand personnifie les fruits de son activité : le triomphe final des ténèbres, où un faible rayon, tombant à faux, ne fait naître qu'un sentiment, le premier, hélas ! qui signale souvent dans l'enfant comme dans le sauvage le réveil de l'intelligence : l'astuce !

Régine est une chrysalide d'où va naître un papillon de nuit. Elle est la chair, la chair ferme et palpitante qui grise et achève Oswald, ce malheureux être débilité chez qui les instincts et les sentiments délicats ne se sont épanouis que pour mourir d'un coup au contact de la vie, en sorte qu'il ne reste plus à la mère

qui veut le sauver qu'à tout jeter par-dessus bord,
jusqu'aux principes les plus sacrés, pourvu qu'il vive !
Et il ne peut pas vivre. Régine, la vie, la vie brutale
et si séduisante pour qui s'en va, Régine ne veut pas
de lui. Ah ! elle se moque bien des idées de dévouement et de charité. Elle est ce qu'on l'a faite en lui
donnant le jour dans les circonstances où elle est née
et qui lui sont subitement révélées. « Ainsi ma mère
en était une, et mon père est le père d'Oswald. J'ai
donc autant de droits que lui à jouir de la vie, seulement je saurai mieux m'y prendre. » Et qui donc lui
a enseigné à sentir autrement ? C'est la bête, elle
aussi, la bête que n'a pu changer une éducation im-
puissante parce qu'elle ignore la nature. C'est le bel
animal, né câlin et égoïste, que doit rendre l'artiste
chargée de ce rôle. Je l'ai vu jouer par une aimable
et jolie fille qui ne semblait soupçonner là aucune
difficulté, bien que ce ne fût qu'une actrice de troisième ordre. Il n'en sera peut-être que plus difficile
pour une nature autrement façonnée. Ce dont elle
devra se souvenir, en ce cas, c'est que Régine est la
vie, la force et le plaisir dans leur plus simple et plus
redoutable expression.

En relief sur le fond terne d'un paysage « que voile
un brouillard éternel » et où le soleil n'apparaît
qu'un instant, — le dernier, — ces personnages sont
tous les cinq des figures de premier plan : on dirait des
spectres. Et on croit reconnaître dans toute la pièce,
à commencer par le titre, — car tout, dans Ibsen, s'ordonne en une mystérieuse harmonie, — la trace d'une
vision qui lui a représenté sous un jour sinistre le
coin reculé vers lequel ses regards reviennent sans
cesse, — sa froide et lointaine patrie.

Espérer qu'on ressentira à Paris l'impression que le poète a voulu produire sur ses compatriotes, ce serait croire que cette pièce, où il vise à *latiniser* ces derniers, en leur parlant de *la joie de vivre,* aurait l'effet opposé de faire passer sur le public parisien un souffle scandinave qui lui fasse comprendre *le plaisir de méditer.* Je n'ose pas pousser mes vœux jusque-là. Tout ce que je souhaite, c'est que cette voix tienne un instant sous son charme étrange ceux qui n'en ont pas encore entendu de pareille.

M. PROZOR.

LES REVENANTS

DRAME EN TROIS ACTES

PERSONNAGES :

Madame HÉLÈNE ALVING, veuve d'un capitaine et chambellan du roi.

OSWALD ALVING, son fils, peintre.

LE PASTEUR MANDERS.

ENGSTRAND, menuisier.

RÉGINE ENGSTRAND, domestique de madame Alving.

La scène se passe à la campagne, chez madame Alving au bord d'un des grands fiords de la Norvège septentrionale.

ACTE PREMIER

Une vaste pièce prenant jour sur la mer. Porte à
gauche. Deux portes à droite. Au milieu de la pièce
une table ronde entourée de chaises ; sur la table,
des livres, revues et journaux. Au premier plan à
gauche, une fenêtre, devant laquelle un petit sofa
et une table à ouvrage. Au fond, un jardin d'hiver
vitré, ouvert en baie sur la pièce. A droite du jardin
d'hiver, une porte par laquelle on sort pour descendre sur la grève. Derrière les vitres, le fiord apparaît, mélancolique, à travers un voile de pluie.

Engstrand se tient à l'entrée qui mène à la grève. Il a la
jambe gauche plus courte que l'autre et, sous le pied, une
semelle de bois. Régine, un arrosoir vide à la main,
cherche à l'empêcher d'avancer.

RÉGINE, *à demi-voix*. — Qu'est-ce que tu veux ?
Tiens-toi donc tranquille. Tu es tout ruisselant de
pluie.

ENGSTRAND. — C'est la pluie du bon Dieu, mon
enfant.

RÉGINE. — Dis plutôt une pluie du diable.

ENGSTRAND. — Bon Jésus, comme tu parles, Régine ! (*Il fait quelques pas en boitant.*) Ecoute, je voulais te dire...

RÉGINE. — Dis donc, l'homme, ne fais pas tant de bruit avec le pied ! Le jeune maître est là-haut qui dort, juste au-dessus de nous.

ENGSTRAND. — Il dort encore, à l'heure qu'il est ? En plein jour ?

RÉGINE. — Cela ne te regarde pas.

ENGSTRAND. — J'ai été à une fière noce, hier au soir.

RÉGINE. — Je le crois sans peine.

ENGSTRAND. — Ah ! vois-tu, mon enfant, on est homme, on est faible.....

RÉGINE. — Ça, c'est bien vrai.

ENGSTRAND. — ..... et les tentations sont légion dans ce bas monde. Et pourtant, Dieu sait que j'étais déjà à mon travail, ce matin, à cinq heures et demie.

RÉGINE. — C'est bien, c'est bien. Si tu t'en allais maintenant ? Je ne veux pas me tenir là, en *rendez-vous* [1] avec toi.

ENGSTRAND. — Comment dis-tu ? Tu ne veux pas quoi ? je n'ai pas bien saisi.

---

[1] L'expression *rendez-vous* est en français dans l'original. Dans la bouche de Régine, il dénote certaines prétentions qui se révèlent encore plusieurs fois dans la suite. Les expressions françaises sont soulignées dans la traduction.

RÉGINE. — Je ne veux pas que l'on te rencontre ici. Là ! va ton chemin.

ENGSTRAND, *faisant quelques pas vers elle.* — Mon Dieu, non, je ne m'en irai pas avant de t'avoir parlé. Cette après-midi, j'aurai fini mon travail, là-bas, à l'école qu'on achève de construire, et je prendrai le bateau cette nuit pour m'en retourner chez moi, à la ville.

RÉGINE, *entre les dents.* — Bon voyage.

ENGSTRAND. — Merci pour ton souhait, mon enfant. Demain on inaugure l'asile, il y aura festin et bombances, arrosés de boissons fortes. Or, personne ne doit dire que Jacques Engstrand ne peut résister à la tentation quand elle se présente.

RÉGINE. — Quant à ça !...

ENGSTRAND. — Oui, il y a tant de gens comme il faut qui vont se rencontrer ici demain. Le pasteur Manders sera là, n'est-il pas vrai ?

RÉGINE. — Il arrive aujourd'hui.

ENGSTRAND. — Tu vois bien ; et du diable, si je veux qu'il ait quelque motif à récriminer à mon sujet...

RÉGINE. — Ah ! Je vois ce que c'est ! Tiens, tiens !

ENGSTRAND. — Quoi ?

RÉGINE, *le regardant dans le blanc des yeux.* — Quel est le nouveau conte que tu veux faire accroire au pasteur Manders ?

ENGSTRAND. — Chut! Es-tu folle? Je voudrais moi, en faire accroire au pasteur Manders? Ah bien, non! Le pasteur Manders a été trop bon pour moi. Mais nous nous éloignons de ce que je voulais te dire, ce soir donc je m'en retourne à la maison.

RÉGINE. — Tant mieux! Le plus tôt que tu partiras...

ENGSTRAND. — Oui, mais je veux t'emmener avec moi, Régine.

RÉGINE, *le regardant un instant, stupéfaite.* — Tu veux m'emmener, moi? Comment dis-tu ça?

ENGSTRAND. — Je dis que je veux t'avoir près de moi, à la maison.

RÉGINE, *d'un ton de persiflage.* — Jamais, au grand jamais!

ENGSTRAND. — Oh! nous verrons bien.

RÉGINE. — Oui, oui, nous verrons bien, tu peux y compter. Moi qui ai été élevée chez Mme Alving, la veuve du chambellan?... Moi, qu'on a traitée ici presque en enfant de la maison? J'irais m'installer avec toi? Dans une maison comme la tienne? fi donc!

ENGSTRAND. — Ah diantre! Qu'est-ce à dire? Tu vas, maintenant. te révolter contre ton père, ma fille?

RÉGINE, *à demi-voix, sans le regarder.* — Tu as dit assez souvent que je n'étais rien pour toi.

ENGSTRAND. — Bah ! ne te soucie pas de cela…

RÉGINE. — Combien de fois m'as-tu appelée une… ? Fi donc ! Fi !

ENGSTRAND. — Non, juste Dieu, non, je ne me suis jamais servi d'un aussi vilain terme.

RÉGINE. — Oh ! je me souviens parfaitement des mots que tu employais.

ENGSTRAND. — C'était seulement lorsque j'étais en pointe de vin, hum. Le monde offre tant de tentations, Régine.

RÉGINE. — Pouah !

ENGSTRAND. — Et puis, c'était encore parce que ta mère faisait sa tête. Il me fallait bien trouver quelque chose pour la mater, mon enfant. Elle faisait toujours la mijaurée. (*Imitant.*) « Je t'en prie, Engstrand ! veux-tu bien me laisser ! J'ai servi trois ans chez le chambellan Alving, à Rosenvold, moi. » (*Souriant.*) Ah ! bon Jésus ! elle ne pouvait pas oublier que le capitaine, à l'époque où elle était chez lui, avait été promu chambellan.

RÉGINE. — Pauvre mère ! Elle ne t'a pas embarrassé longtemps ; lui en as-tu assez fait !

ENGSTRAND, *avec un mouvement qui le fait boiter.* — Bien entendu ; c'est toujours ma faute.

RÉGINE, *se détournant, à demi-voix.* — Ouf ! Et puis, cette jambe !

ENGSTRAND. — Que dis-tu, mon enfant ?

RÉGINE. — *Pied de mouton.*

ENGSTRAND. — C'est de l'anglais, ça ?

RÉGINE. — Oui.

ENGSTRAND. — Oui, oui, tu es devenue savante ici. J'ai idée que ça pourrait bien venir à point, Régine.

RÉGINE, *après un instant de silence.* — Et que veux-tu que j'aille faire, là-bas, à la ville ?

ENGSTRAND. — Peut-on demander ce qu'un père veut faire de son unique enfant ? Ne suis-je pas veuf, c'est-à-dire solitaire et abandonné ?

RÉGINE. — Ah ! laisse-moi donc tranquille avec ces sornettes. Pourquoi faut-il que j'aille avec toi ?

ENGSTRAND. — Eh bien, je vais te le dire : j'ai eu une idée, quelque chose de nouveau, que je voudrais essayer.

RÉGINE. — Tu n'en es pas à ton premier essai, mais tu as toujours abouti au même résultat négatif...

ENGSTRAND. — Cette fois, tu verras bien, Régine ! — Le diable m'emporte...

RÉGINE, *frappant du pied.* — Chut ! Chut !

ENGSTRAND, *vivement.* — Tu as raison. Je voulais seulement te dire une chose : j'ai mis un certain argent de côté depuis que je travaille à ce nouvel asile.

RÉGINE. — Vraiment ? Tant mieux pour toi.

ENGSTRAND. — Qu'aurais-je fait de mes deniers, ici, au village ?

RÉGINE. — Voyons, continue.

ENGSTRAND. — Eh bien, vois-tu, j'ai pensé à placer cet argent de manière qu'il me rapportât quelque chose. Il y aurait à entreprendre quelque chose, comme une espèce d'auberge pour les marins.

RÉGINE. — Pouah !

ENGSTRAND.— Je m'entends : quelque chose de propre comme auberge; pas une cochonnerie pour les matelots. Non, jour de Dieu, ce serait pour les capitaines de vaisseaux, les pilotes, etc., tout ce qu'il y a de mieux, vois-tu !

RÉGINE. — Et je devrais, moi ?

ENGSTRAND. — Tu devras m'aider, oui. Rien que pour l'apparence, tu comprends. Ah bien, non, mort de Dieu ! rien du gros ouvrage, mon enfant. Tu ne feras que ce que tu voudras.

RÉGINE. — Ah ! Très bien.

ENGSTRAND. — Mais il faut de la femme à la maison ; c'est clair comme le jour. Le soir il faudrait s'amuser un brin, avec du chant, de la danse et tout ce qui s'ensuit. Songe donc, voilà des gens de mer lancés là, sur l'océan du monde. (*S'approchant d'elle.*) Voyons, Régine, ne sois pas bête, ne te fais pas de tort à toi-même. Que veux-tu devenir ici ? A quoi ça te servira que madame

ait fait des dépenses pour te rendre savante ? J'entends dire que tu vas surveiller les enfants dans le
nouvel asile. Est-ce là un travail pour toi, je te le
demande? Es-tu si désireuse de te détruire la santé
pour ces maltorchés d'enfants ?

RÉGINE. — Non, et si tout allait selon mon désir
je sais bien... Ma foi, ça peut bien arriver. Ça peut
arriver !

ENGSTRAND. —Qu'est-ce que c'est qui peut arriver?

RÉGINE. — Ce n'est pas ton affaire. Est-ce une
grosse somme que celle que tu as économisée?

ENGSTRAND. — Il peut bien y avoir en tout sept ou
huit cents couronnes.

RÉGINE. — Ce n'est pas si mal.

ENGSTRAND. — Ce sera toujours assez pour commencer, mon enfant.

RÉGINE. — Ne penses-tu pas me donner quelque
chose de cet argent ?

ENGSTRAND. — Non, par Dieu, non, je n'y pense
pas !

RÉGINE. — Rien qu'un morceau d'étoffe pour une
robe? Pas même ça?

ENGSTRAND. —Suis-moi et tu auras autant de robes
que tu en voudras.

RÉGINE. — Bast ! Je saurais toujours m'arranger
moi-même, si j'en ai envie.

ENGSTRAND. — La main paternelle te guidera toujours mieux, Régine. A l'heure actuelle, je puis

avoir une maison très convenable dans la petite rue
du Port. Il ne faut pas une grosse somme pour l'acquérir. Et on pourrait en faire, vois-tu, comme une
sorte d'abri pour les marins.

RÉGINE. — Mais je ne veux pas te suivre ! Il n'y
a rien de commun entre nous. Va ton chemin.

ENGSTRAND. — Tu ne serais pas longtemps avec
moi. Diantre non, mon enfant. Je n'aurais pas
cette chance. Il est sûr que tu saurais te retourner.
Une jolie fille comme toi, car tu l'es devenue, ces
dernières années.

RÉGINE. — Eh bien ?

ENGSTRAND. — Il ne se passerait pas un long temps
avant qu'on ne vît venir un pilote, ma foi, peut-
être un capitaine...

RÉGINE. — Je ne veux pas prendre mari parmi les
gens de cette espèce. Les marins n'ont pas de *sa-
voir-vivre*.

ENGSTRAND. — De quoi n'ont-ils pas, les marins ?

RÉGINE. — Je les connais, te dis-je. Ce ne sont
pas des gens avec qui on se marie.

ENGSTRAND. — Mais, tu n'es pas forcée de te marier. On peut trouver son profit ailleurs tout de
même. (*Confidentiellement.*) Tu connais l'Anglais ? —
l'Anglais du yacht — eh bien ! il a donné trois cents
écus, lui, et elle n'était certainement pas aussi jolie
que toi.

RÉGINE, *marchant sur lui.* — Sors d'ici !

ENGSTRAND, *reculant*. — Eh bien, eh bien ! tu ne vas pas cogner, je pense !

RÉGINE. — Au contraire, si tu parles de mère, je cogne. Sors d'ici, te dis-je. (*Elle le pousse vers la porte qui mène sur la grève.*) Et ne frappe pas les portes ; le jeune monsieur Alving...

ENGSTRAND. — Bah ! Il dort. C'est drôle comme tu t'en occupes, du jeune monsieur Alving. — (*Baissant la voix.*) Oh, oh, ce ne serait pas Dieu possible qu'il... ?

RÉGINE. — Va-t'en, et plus vite que ça. Tu perds le sens, l'homme ! Non, pas par ce chemin. Voici venir le pasteur Manders. Allons, file par l'escalier de la cuisine.

ENGSTRAND, *passant à droite*. — C'est bien, c'est bien, on s'en va. Mais parle un peu à celui qui vient là. Il est homme à te dire ce qu'un enfant doit à son père. Car je suis ton père tout de même, tu sais. Je puis le prouver par les registres de la paroisse.

(Il sort par l'autre porte que Régine a ouverte et qu'elle referme sur lui.)

RÉGINE. *Elle jette un coup d'œil au miroir, s'évente avec son tablier, ordonne le ruban de sa collerette; puis se met à ranger les fleurs.*

(Le pasteur Manders entre par le jardin d'hiver, en manteau, son parapluie à la main, un petit sac de voyage en sautoir.)

LE PASTEUR MANDERS. — Bonjour, demoiselle Engstrand.

RÉGINE, *se retournant avec un air de joyeuse surprise.* — Tiens, bien le bonjour, monsieur le pasteur. Le bateau est déjà arrivé ?

LE PASTEUR MANDERS. — Il vient d'aborder. (*Il remonte la scène.*) C'est bien ennuyeux, cette pluie qui ne cesse pas depuis quelques jours.

RÉGINE, *marchant derrière lui.* — Pour les gens de la campagne, c'est un temps béni, monsieur le pasteur.

LE PASTEUR. — Vous avez raison. C'est à quoi nous ne pensons guère, nous autres citadins. (*Il ôte lentement son pardessus.*)

RÉGINE. — Vous permettez que je vous aide ? — Là ! — Dieu, qu'il est mouillé ! Attendez, je vais le suspendre dans l'antichambre. Et puis, le parapluie, — je vais l'ouvrir pour le faire sécher.

(Elle sort avec ces objets par la porte de droite. Le pasteur se débarrasse de son sac de voyage et le dépose sur une chaise avec son chapeau. Pendant qu'il est occupé, Régine rentre.)

LE PASTEUR. — Ah ! Il est doux d'être à l'abri. Voyons ! Tout va bien ici ?

RÉGINE. — Oui, je vous remercie.

LE PASTEUR. — Mais vous devez être en grand remue-ménage, je pense, en vue de la cérémonie de demain ?

RÉGINE. — Oh oui ! L'ouvrage ne manque pas.

LE PASTEUR. — Mme Alving est chez elle, j'espère ?

RÉGINE. — Oui, seulement elle est en haut, occupée à préparer du chocolat pour le jeune monsieur.

LE PASTEUR. — Ah, c'est juste. — On m'a dit au débarcadère qu'Oswald était de retour.

RÉGINE. — Il est arrivé avant-hier. Nous ne l'attendions qu'aujourd'hui.

LE PASTEUR. — Il est frais et dispos. j'espère ?

RÉGINE. — Je vous remercie, il va bien. Mais il est terriblement fatigué de son voyage. Il est venu d'un trait de Paris ; — je veux dire qu'il a fait tout le trajet dans le même train. Je crois qu'il sommeille maintenant. Nous ferions peut-être bien de parler un peu plus bas.

LE PASTEUR. — Chut ! ne faisons pas de bruit.

RÉGINE, *approchant un fauteuil de la table.* — Et puis, il faut vous asseoir, monsieur le pasteur, et vous mettre à votre aise. (*Il s'assied ; elle glisse un tabouret sous ses pieds.*) Là, — monsieur le pasteur est-il confortablement assis ?

LE PASTEUR. — Merci, merci : je suis très bien. (*La regardant.*) Ecoutez, demoiselle Engstrand, je crois sincèrement que vous avez grandi depuis la dernière fois que je vous ai vue.

RÉGINE. — Monsieur le pasteur trouve? Madame prétend de même que je me suis développée.

LE PASTEUR. — Développée? hum, peut-être bien. Un tant soit peu.

(Un instant de silence.)

RÉGINE. — Peut-être désirez-vous que j'avertisse madame?

LE PASTEUR. — Merci, rien ne presse, chère enfant. — Mais, dites-moi donc, ma bonne Régine, dans quels rapports êtes-vous actuellement avec votre père?

RÉGINE. — Merci, monsieur le pasteur, de ce côté cela ne va pas trop mal.

LE PASTEUR. — Il a passé chez moi, la dernière fois qu'il est venu en ville.

RÉGINE. — Vraiment? Il est toujours si content quand il peut parler à monsieur le pasteur.

LE PASTEUR. — Et vous descendez souvent dans la journée pour le voir?

RÉGINE. — Moi? certainement, je vais le voir comme ça, dès que j'ai du temps libre.

LE PASTEUR. — Votre père n'est pas une nature forte, demoiselle Engstrand. Il a besoin d'une main qui le conduise.

RÉGINE. — Sans doute, peut-être bien.

LE PASTEUR. — Il a besoin de quelqu'un près de lui qu'il puisse aimer, sur le jugement de qui il puisse se reposer. Il me l'a avoué avec une confiance sincère la dernière fois qu'il est venu me trouver.

RÉGINE. — Oui, il m'en a touché un mot. Mais je ne sais pas si Mme Alving voudrait me laisser partir, — maintenant surtout que nous avons le nouvel asile à diriger. Et moi-même, j'aurais de la peine à me séparer de Mme Alving, qui a toujours été si bonne pour moi.

LE PASTEUR. — Mais le devoir filial, ma chère enfant. — Bien entendu, nous devrions d'abord obtenir le consentement de votre maîtresse.

RÉGINE. — Ensuite je ne sais pas s'il est convenable, à mon âge, de gouverner la maison d'un homme seul.

LE PASTEUR. — Vous dites! Mais, chère demoiselle Engstrand, c'est de votre propre père qu'il s'agit.

RÉGINE. — C'est possible, cependant. — Ah! si c'était dans quelque bonne maison et chez un monsieur vraiment bien.

LE PASTEUR. — Mais, ma chère Régine.

RÉGINE. — Un homme qui puisse m'inspirer du dévouement, que je sente au-dessus de moi et à qui je tienne, pour ainsi dire lieu de fille.

LE PASTEUR. — Oui, mais, ma chère et bonne enfant...

RÉGINE. — Ah, si j'avais cette perspective, je ne refuserais pas d'aller en ville! C'est l'isolement complet ici — et monsieur le pasteur sait bien par lui-même ce que c'est que d'être seul dans ce monde. D'autre part, j'ose dire que je suis active et que j'ai le cœur à la besogne. Monsieur le pasteur ne connaîtrait pas une place de ce genre ?

LE PASTEUR. — Moi ? non, sûrement, je n'en connais pas.

RÉGINE. — Mais, mon cher, mon bon monsieur le pasteur, pensez à moi, s'il arrivait...

LE PASTEUR, *se levant*. — Certainement, je n'y manquerais pas, demoiselle Engstrand.

RÉGINE. — Oui, car si je...

LE PASTEUR. — Voulez-vous avoir la complaisance d'avertir madame ?

RÉGINE. — Elle ne tardera pas à venir, monsieur le pasteur.

(Elle sort par la gauche.)

LE PASTEUR. (*Il arpente la pièce, puis gagne le fond de la scène et regarde du côté de la mer, les mains derrière le dos. Après cela, il redescend jusqu'à la table, prend un livre et en examine le titre. Mouvement de recul. Il en regarde d'autres.*) — Ah, ah !

(Madame Alving entre par la porte de gauche, suivie de Régine, qui ressort aussitôt par la première porte de droite.)

MADAME ALVING *tend la main au pasteur*. — Soyez le bienvenu, monsieur le pasteur.

LE PASTEUR.— Bonjour madame. Me voici, comme je vous l'avais promis.

MADAME ALVING. — Toujours au coup de l'horloge.

LE PASTEUR. — Vous pouvez croire que ce n'est pas sans peine que j'ai pu m'échapper. Toutes ces commissions et directions dont je fais partie...

MADAME ALVING. — C'est d'autant plus aimable à vous d'être venu de si bonne heure. Au moins pourrons-nous régler nos affaires avant de nous mettre à table. Mais où est votre malle?

LE PASTEUR, *vivement.* — Mes bagages sont en bas, chez le marchand. J'y passe la nuit.

MADAME ALVING, *réprimant un sourire.* — Vous ne voulez donc pas vous habituer à passer la nuit sous mon toit?

LE PASTEUR. — Non, non, madame; je vous suis bien obligé, mais je préfère demeurer en bas, selon mon habitude. C'est plus commode pour reprendre le bateau.

MADAME ALVING. — Allons, faites comme vous voudrez. Il me semble pourtant que deux vieux comme nous...

LE PASTEUR. — Oh, bon Dieu! pouvez-vous parler ainsi! D'ailleurs, il est naturel que vous soyez tout à la gaieté aujourd'hui. D'abord, la fête de demain, ensuite Oswald qui vous est revenu.

MADAME ALVING. — Oui, c'est un bonheur pour

moi, pensez donc ! Il y avait plus de deux ans qu'il était absent. Et il a promis de passer tout l'hiver avec moi.

LE PASTEUR. — Vraiment ? C'est un bon trait de sa part, et vraiment filial, car ce doit être bien tentant, je pense, de vivre à Paris ou à Rome.

MADAME ALVING. — Oui, mais ici il a sa mère, voyez-vous. Ah, le cher, le bien-aimé garçon ! Son cœur est tout à sa mère, on peut le dire !

LE PASTEUR. — Ce serait par trop triste aussi, si la séparation et ses occupations d'artiste devaient relâcher des liens aussi naturels.

MADAME ALVING. — Ah ! vous avez raison. Mais avec lui, il n'y a pas de danger. Je suis curieuse de voir si vous le reconnaîtrez. Il descendra tout à l'heure ; en ce moment, il repose un peu sur le sofa. — Mais asseyez-vous donc, mon cher pasteur.

LE PASTEUR. — Merci. Je ne vous dérange pas ?

MADAME ALVING. — Au contraire.

(Elle s'assied à la table.)

LE PASTEUR. — Fort bien, je vais donc vous exposer... (*Il prend son sac de voyage sur la chaise où il l'a posé, s'assied du côté opposé de la table et cherche une place convenable pour étaler les papiers.*) En premier lieu ceci... (*S'interrompant.*) Dites-moi donc, madame Alving, d'où vous viennent ces livres ?

MADAME ALVING. — Ces livres ? Ce sont des livres que je lis.

LE PASTEUR. — Vous lisez des ouvrages de cette espèce ?

MADAME ALVING. — Certainement.

LE PASTEUR. — Sentez-vous que cela vous fasse meilleure ou plus heureuse ?

MADAME ALVING. — Il me semble que cela me rend en quelque sorte plus sûre de moi-même.

LE PASTEUR. — C'est singulier. Comment cela se fait-il ?

MADAME ALVING. — Voilà; je trouve comme une explication, une confirmation de bien des choses que j'ai coutume de penser et de ruminer en moi-même. Car, voyez-vous, pasteur Manders, ce qu'il y a d'étonnant, c'est qu'à vrai dire, on ne rencontre absolument rien de nouveau dans ces livres ; il n'y a là que ce que la plupart des hommes pensent et croient. La seule différence, c'est que la plupart des hommes ne s'en rendent pas compte ou ne veulent pas s'y arrêter.

LE PASTEUR. — Ah, par exemple ! croyez-vous bien sérieusement que la plupart des hommes... ?

MADAME ALVING. — Oui, je le crois.

LE PASTEUR. — Mais ce n'est pas dans notre pays, ce n'est pas chez nous ?

MADAME ALVING. — Hélas ! Chez nous comme ailleurs.

LE PASTEUR. — Ah, si l'on peut dire !...

MADAME ALVING. — Mais, au fait, qu'avez-vous à reprocher à ces livres ?

LE PASTEUR. — Je ne leur reproche rien. Vous n'allez pas croire que je m'occupe à examiner de telles œuvres ?

MADAME ALVING. — Cela veut dire que vous ne connaissez pas du tout ce que vous condamnez.

LE PASTEUR. — J'ai assez lu de ce qui a été dit de ces livres pour les blâmer.

MADAME ALVING. — Oui, mais votre propre opinion...

LE PASTEUR. — Chère madame, il y a des occasions dans cette vie où l'on doit se rapporter au jugement des autres. Que voulez-vous ! c'est un fait et cela est bien. Que deviendrait la société s'il en était autrement ?

MADAME ALVING. — Vraiment ! vous avez peut-être raison.

LE PASTEUR. — Je ne nie pas, d'ailleurs, qu'il puisse y avoir quelque chose d'attrayant dans ces écrits. Et je ne puis pas non plus vous reprocher de vouloir connaître les courants intellectuels qui, dit-on, traversent ce monde... où vous avez laissé votre fils errer si longtemps. Mais...

MADAME ALVING. — Mais... ?

LE PASTEUR, *baissant la voix*. — Mais il ne faut pas en parler, madame Alving. On n'a vraiment pas besoin de rendre compte à chacun de ce qu'on lit et de ce qu'on pense entre ses quatre murs.

MADAME ALVING. — Non, bien entendu ; je suis de votre avis.

LE PASTEUR. — Rappelez-vous toutefois les obligations que vous impose cet asile, que vous avez décidé d'ériger, à une époque où vos idées sur le monde moral différaient considérablement de ce qu'elles sont aujourd'hui... autant du moins que je puis en juger.

MADAME ALVING. — Oui, oui, nous sommes d'accord. Mais c'est au sujet de l'asile...

LE PASTEUR. — C'est de l'asile que nous devions nous entretenir, c'est exact. Ainsi... de la prudence, chère dame ! Et maintenant, passons à nos affaires. (*Il ouvre une enveloppe et en retire des papiers.*) Vous voyez ceci ?

MADAME ALVING. — Ce sont les documents ?

LE PASTEUR. — Ils sont au complet et en bon ordre. Vous pouvez vous imaginer qu'ils n'ont pas été faciles à obtenir. J'ai littéralement dû peser sur l'exécution. Les autorités sont, on pourrait presque dire, cruellement consciencieuses quand il s'agit de décisions à prendre. Mais enfin, les voici. (*Il feuillette le dossier.*) Ceci est un état de l'enclos de Solvik, faisant partie du domaine de Rosenvold, avec indication des bâtiments nouvellement construits, école, habitation des maîtres et chapelle. Et voici la confirmation du legs et des statuts de fondation. Voulez-vous voir ? (*Il lit.*) Statuts de l'asile. « A la mémoire du capitaine Alving. »

MADAME ALVING, *les regards longtemps fixés sur les papiers*. — Ainsi, voilà !

LE PASTEUR. — J'ai choisi le titre de capitaine plutôt que de chambellan. Capitaine est moins prétentieux.

MADAME ALVING. — Oui, oui, faites comme vous l'entendez.

LE PASTEUR. — Et voici le livret de la caisse d'épargne, portant le capital avec les intérêts, le tout destiné à couvrir les frais de construction.

MADAME ALVING. — Merci ; mais faites-moi le plaisir de les garder pour plus de commodité.

LE PASTEUR. — Très volontiers. Pour commencer, je suis d'avis que nous laissions l'argent à la caisse d'épargne. Le taux de la rente n'est pas fort engageant : quatre pour cent à six mois. Il est évident que si plus tard on avait connaissance de quelque placement avantageux, — cela devrait être, bien entendu, une première hypothèque ou une inscription parfaitement sûre — nous pourrions en reparler.

MADAME ALVING. — Oui, oui, mon cher pasteur, vous comprenez cela mieux que moi.

LE PASTEUR. — En tout cas, j'aurai l'œil sur ce

point. — Mais il y a une chose au sujet de laquelle j'ai voulu plusieurs fois vous interroger.

MADAME ALVING. — Et c'est ?

LE PASTEUR. — Faut-il, oui ou non, faire assurer l'asile ?

MADAME ALVING. — Naturellement, oui.

LE PASTEUR. — Attendez un peu. Considérons la chose de près.

MADAME ALVING. — Chez moi tout est assuré : bâtiments, récolte, bétail et mobilier.

LE PASTEUR. — C'est tout simple. Il s'agit de votre propre bien, et j'en fais autant moi-même... bien entendu. Mais ici, voyez-vous, c'est une tout autre affaire. L'asile doit en quelque sorte recevoir une consécration pour un but d'ordre supérieur.

MADAME ALVING. — Oui, mais cela n'empêche pas...

LE PASTEUR. — Pour mon propre compte, je ne verrais aucun inconvénient à nous garantir contre toutes les éventualités.

MADAME ALVING — Évidemment, c'est clair.

LE PASTEUR. — Mais, dites-moi, dans quelles dispositions est la contrée ? Que pensent les habitants ? Vous savez cela mieux que moi.

MADAME ALVING. — Hm, les dispositions...

LE PASTEUR. — Y a-t-il ici un nombre important d'opinions autorisées — véritablement autorisées

— qui pourraient prendre ombrage de notre décision ?...

MADAME ALVING. — Qu'entendez-vous par des
opinions autorisées ?

LE PASTEUR. — J'entends les gens qui occupent
une position assez indépendante et assez influente
pour qu'on ne puisse pas facilement négliger leur
manière de voir.

MADAME ALVING. — S'il s'agit de ceux-là, je sais
un certain nombre de gens qui se scandaliseraient
peut-être si...

LE PASTEUR. — Vous voyez bien ! Chez nous, en
ville, ils abondent. Songez aux ouailles de tous
mes confrères. On serait tout disposé à croire que,
ni vous ni moi, nous n'avons confiance dans les
décrets de la Providence.

MADAME ALVING. — Mais, en ce qui vous concerne,
cher pasteur, vous savez bien vous-même...

LE PASTEUR. — Oui, je sais, je sais ; j'ai ma conscience pour moi, c'est sûr. Mais nous ne pourrions
pas empêcher des commentaires malveillants et
défavorables. Et ces commentaires pourraient sans
peine finir par enrayer l'œuvre elle-même.

MADAME ALVING. — Oui, s'il en était ainsi...

LE PASTEUR. — Je ne puis pas non plus perdre
complètement de vue la situation équivoque —
j'oserai dire pénible — où je pourrais me trouver.
Dans les cercles influents de la ville, on s'occupe

beaucoup de cette fondation. L'asile n'est-il pas en partie érigé au profit de la ville ? Il faut même espérer qu'il allègera dans une assez large mesure les charges de l'assistance publique. Or, ayant été votre conseiller, chargé de toute la partie administrative de l'œuvre, je crains, je l'avoue, d'être la première cible des envieux.

MADAME ALVING. — En effet, vous ne devez pas vous y exposer.

LE PASTEUR. — Sans parler des attaques qui, sans aucun doute, seraient dirigées contre moi par certaines feuilles dont...

MADAME ALVING. — Assez, mon cher pasteur. Votre première considération suffit.....

LE PASTEUR. — Votre avis est donc qu'il faut se passer d'assurance ?

MADAME ALVING. — Oui, nous nous en passerons.

LE PASTEUR, *se renversant dans son siège.* — Mais, en admettant qu'un malheur arrive, — on ne peut jamais savoir — prendriez-vous sur vous de réparer le désastre ?

MADAME ALVING. — Non ; je vous le dis nettement, je ne le ferais pas.

LE PASTEUR. — Dans ce cas, savez-vous, madame Alving... que c'est au fond une très lourde responsabilité que nous assumons.

MADAME ALVING. — Pouvons-nous faire autrement ?

LE PASTEUR. — Non, et c'est là justement qu'est la difficulté. A vrai dire, il nous est impossible de l'éluder. Nous ne pouvons pourtant pas nous livrer aux mauvais jugements et nous n'avons nullement le droit de scandaliser l'opinion.

MADAME ALVING. — Vous, prêtre, assurément non.

LE PASTEUR. — D'ailleurs, je crois sincèrement que nous devons compter, pour une fondation comme celle-ci, sur une heureuse étoile, — je dirai plus — sur la protection spéciale d'en haut.

MADAME ALVING. — Espérons-le, mon cher pasteur.

LE PASTEUR. — Nous devons donc, pensez-vous, laisser les choses comme elles sont ?

MADAME ALVING. — J'en suis convaincue.

LE PASTEUR. — Il sera fait comme vous l'entendez. (*Inscrivant.*) Nous disons donc : pas d'assurance.

MADAME ALVING. — Au surplus, il est étonnant que vous ayez attendu jusqu'à aujourd'hui pour m'entretenir de cela.

LE PASTEUR. — J'ai souvent pensé à vous interroger là-dessus.

MADAME ALVING. — C'est que, hier, nous avons failli avoir un incendie en bas.

LE PASTEUR — Que dites-vous là ?

MADAME ALVING. — Heureusement que cela a été sans importance. Des copeaux qui ont pris feu dans l'atelier du menuisier.

3.

LE PASTEUR. — Celui dans lequel travaille Engstrand ?

MADAME ALVING. — Oui, on dit qu'il est parfois si imprudent avec les allumettes.

LE PASTEUR. — Il a tant de choses en tête, cet homme; il est si éprouvé. Dieu merci, le voilà qui s'efforce, m'a-t-on dit, de mener une vie irréprochable.

MADAME ALVING — Vraiment ? qui vous a dit cela ?

LE PASTEUR. — Il me l'a assuré-lui même. Ce qui est certain, c'est que c'est un bon ouvrier.

MADAME ALVING. — Oui, tant qu'il n'a pas bu.

LE PASTEUR. — Ah, cette malheureuse faiblesse ! Mais toujours, d'après lui, c'est souvent sa mauvaise jambe qui en est cause. La dernière fois que je l'ai vu en ville, il m'a touché. Il est venu me trouver et m'a remercié avec effusion de lui avoir procuré du travail, ici, où il peut rencontrer Régine.

MADAME ALVING. — Il ne la voit pas souvent.

LE PASTEUR. — Vous vous trompez, il lui parle tous les jours, il me l'a assuré lui-même.

MADAME ALVING. — C'est possible.

LE PASTEUR. — Il sent si bien qu'il a besoin de quelqu'un pour le retenir quand vient la tentation ! Ce qu'il y a de touchant chez Jacques Engstrand, c'est qu'il vient à vous dans toute sa faiblesse, pour la confesser et s'accuser lui-même. La dernière fois qu'il est venu me trouver... écoutez, madame Alving, il m'a avoué que ce lui serait un bonheur d'avoir Régine auprès de lui...

MADAME ALVING, *se levant vivement*. — Régine !

LE PASTEUR. — Vous ne devriez pas vous y opposer.

MADAME ALVING. — Je m'y opposerais au contraire. Et puis, Régine est nécessaire à l'asile.

LE PASTEUR. — Mais Engstrand est son père, souvenez-vous-en !

MADAME ALVING. — Un père comme celui-là !... J'en sais plus que toute autre à ce sujet. Non ! jamais, de mon gré, elle n'ira habiter chez lui.

LE PASTEUR, *se levant*. — Ma chère dame, ne prenez pas cela tant à cœur. Je vous assure qu'il m'est pénible de vous voir à tel point méconnaître Engstrand. On dirait vraiment que vous avez peur...

MADAME ALVING, *plus calme*. — Peu importe. J'ai recueilli Régine chez moi et c'est chez moi qu'elle doit rester. (*Elle écoute.*) Chut ! mon cher pasteur, plus un mot de tout cela. (*Son visage s'éclaire.*) Ecoutez, c'est Oswald qui descend. Ne pensons plus qu'à lui.

> (Oswald Alving, en jaquette, un chapeau à la main et fumant une grande pipe en écume de mer, entre par la porte de gauche.)

OSWALD, *s'arrêtant à l'entrée*. — Oh ! mille excuses. Je croyais tout le monde dans le cabinet de travail. (*S'approchant.*) Bonjour, monsieur le pasteur.

LE PASTEUR, *le fixant avec étonnement.* — Oh! c'est surprenant.

MADAME ALVING. — Qu'en dites-vous, pasteur?

LE PASTEUR. — Je dis... je dis.... Non ! Mais est-ce là vraiment... ?

OSWALD. — Oui, c'est là vraiment l'enfant prodigue, monsieur le pasteur.

LE PASTEUR. — Mais, mon cher, mon jeune ami...

OSWALD. — L'enfant retrouvé, si vous aimez mieux.

MADAME ALVING. — Oswald pense au temps où vous vous opposiez si fort à ce qu'il devînt peintre.

LE PASTEUR. — Il y a tant de décisions, téméraires à nos yeux humains, et qui plus tard... (*Il lui tend la main.*) Enfin, soyez le bien, bienvenu. Vrai, mon cher Oswald... je puis bien, n'est-ce pas, vous appeler par votre petit nom ...?

OSWALD. — Et comment voudriez-vous m'appeler ?

LE PASTEUR. — Bien ! Je tenais donc à vous prier, mon cher Oswald, de ne pas croire que je condamne d'une manière absolue l'état d'artiste. Je reconnais que, dans cet état comme dans tout autre, il en est beaucoup dont l'âme peut échapper à la corruption.

OSWALD. — Espérons-le.

MADAME ALVING, *rayonnante de joie.* — J'en sais un qui y a échappé corps et âme. Regardez-le plutôt, pasteur.

OSWALD, *remontant la scène.* — C'est bien, c'est bien, chère mère, laissons cela.

LE PASTEUR. — Allons, il n'y a pas à nier, en effet. Et puis, voilà que vous commencez à vous faire un nom. Les journaux ont souvent parlé de vous, et cela avec les plus grands éloges... C'est-à-dire que, ces derniers temps, il y a eu un peu de silence.

OSWALD. *Il s'est rapproché des fleurs.* — Je n'ai pas pu travailler d'une manière suivie depuis quelque temps.

MADAME ALVING. — Un peintre, tout comme un autre, a le droit de se reposer.

LE PASTEUR. — Je crois bien. On se prépare, on ramasse ses forces pour quelque grande œuvre.

OSWALD. — Oui... Mère, dînons-nous bientôt?

MADAME ALVING. — Dans une petite demi-heure. L'appétit ne lui manque pas, Dieu merci.

LE PASTEUR. — Ni le goût du tabac.

OSWALD. — J'ai trouvé là-haut la pipe de mon père, et alors...

LE PASTEUR. — Ah ! nous y voilà donc.

MADAME ALVING. — Que voulez-vous dire ?

LE PASTEUR. — Quand j'ai aperçu sur le seuil Oswald la pipe à la bouche, j'ai cru voir son père ressuscité.

OSWALD. — Vraiment ?

MADAME ALVING. — Ah ! comment pouvez-vous dire cela ? Oswald ne ressemble qu'à moi.

LE PASTEUR. — Oui, mais il y a là un trait, aux coins de la bouche, quelque chose aux lèvres, que j'avais déjà remarqué sur les traits d'Alving...

MADAME ALVING. — Pas du tout. Oswald, à mon avis, a plutôt quelque chose de sacerdotal aux coins de la bouche.

LE PASTEUR. — C'est vrai, c'est vrai; il existe un trait semblable chez quelques-uns de mes confrères.

MADAME ALVING. — Mais pose donc ta pipe, mon cher garçon, je ne veux pas de fumée dans cette chambre.

OSWALD, *obéissant*. — Volontiers. Je voulais seulement l'essayer. C'est que j'en ai fumé une fois étant enfant.

MADAME ALVING. — Toi ?

OSWALD. — Oui. J'étais tout petit, alors. Je me rappelle qu'un soir je suis entré dans la chambre de mon père et qu'il était si gai, si animé...

MADAME ALVING. — Oh ! tu ne peux pas te souvenir de cette époque.

OSWALD. — Si, je m'en souviens parfaitement. Il me prit, me mit sur ses genoux et me fit fumer de sa pipe. Fume, garçon, dit-il, fume fort. Et je fumai tant que je pus, jusqu'à ce que je me sentis pâlir et que la sueur ruisselât de mon front. Alors il se mit à rire de si bon cœur !

LE PASTEUR. — C'est bien étrange.

MADAME ALVING. — Mon ami, c'est un rêve qu'Oswald aura fait.

OSWALD. — Non, mère, ce n'est pas un rêve. La preuve, — ne t'en souviens-tu pas? — c'est que tu es entrée et que tu m'as emporté dans la chambre des enfants; là, je me suis senti mal et j'ai vu que tu pleurais. Est-ce que père faisait souvent de ces farces-là?

LE PASTEUR. — Dans sa jeunesse, c'était un homme plein de verve.

OSWALD. — Et pourtant il a accompli tant de choses dans ce monde, tant de choses bonnes et utiles, durant le peu de temps qu'il a vécu.

LE PASTEUR. — Oui, c'est vrai. Vous portez le nom d'un homme digne et actif, mon cher Oswald Alving. Eh bien, espérons que ce sera pour vous un encouragement, un stimulant...

OSWALD. — Ce devrait en être un, en effet.

LE PASTEUR. — En tout cas, c'est charmant à vous d'être rentré pour un jour consacré à sa mémoire.

OSWALD. — Je ne pouvais pas faire moins.

MADAME ALVING. — Et je pourrai le garder si longtemps; c'est par là surtout qu'il est charmant...

LE PASTEUR. — Oui, on m'apprend que vous nous restez tout l'hiver.

OSWALD. — Je suis ici pour un temps indéterminé, monsieur le pasteur. Ah, qu'il est bon de rentrer chez soi !

MADAME ALVING, *rayonnante*. — N'est-ce pas, mon cher garçon !...

LE PASTEUR, *le regardant avec intérêt*. — Vous étiez bien jeune lorsque vous avez commencé à courir le monde, mon cher Oswald.

OSWALD. — C'est vrai, je me demande quelquefois si je n'étais pas trop jeune.

MADAME ALVING. — Pas du tout ; cela ne fait que du bien à un garçon dégourdi et surtout à un fils unique. Il est mauvais de rester au coin du feu, entre père et mère, et d'y devenir un enfant gâté.

LE PASTEUR. — C'est là un problème difficile à résoudre, madame Alving. Après tout, c'est au foyer paternel que sera toujours la véritable patrie de l'enfant.

OSWALD. — En cela, je suis tout prêt à me ranger à l'avis du pasteur.

LE PASTEUR. — Voyez, plutôt, votre propre fils. Oui, nous pouvons fort bien parler de cela en sa présence. Quel a été le résultat en ce qui le concerne ? Le voici atteignant vingt-six ou vingt-sept ans, et jamais il n'a eu l'occasion de connaitre la vraie vie de famille...

OSWALD. — Pardonnez-moi, monsieur le pasteur... vous êtes sur ce point complètement dans l'erreur.

LE PASTEUR. — Vraiment? Je croyais que vous n'aviez fréquenté presque exclusivement que les cercles d'artistes.

OSWALD. — C'est parfaitement exact.

LE PASTEUR. — Et spécialement ceux des jeunes artistes.

OSWALD. — Comme vous le dites.

LE PASTEUR. — Et je croyais que la plupart d'entre eux n'avaient pas les moyens de fonder une famille et de se constituer un foyer.

OSWALD. — Il y en a quelques-uns qui ne peuvent pas se marier, monsieur le pasteur.

LE PASTEUR. — Eh bien ! c'est précisément ce que je dis.

OSWALD. — Mais cela ne les empêche pas d'avoir un foyer, et souvent ils en ont un... et un foyer très bien organisé, très convenable.

MADAME ALVING, *attentive à ces paroles, les approuve de la tête, mais sans dire un mot.*

LE PASTEUR. — Ce n'est pas d'un ménage de garçon qu'il s'agit. J'appelle un foyer, un foyer domestique, où un homme vit avec sa femme et ses enfants.

OSWALD. — Oui, ou avec ses enfants et la mère de ses enfants.

LE PASTEUR, *faisant un soubresaut et joignant les mains.* — Mais... miséricorde !

OSWALD. — Quoi?

LE PASTEUR. — Vivre avec... la mère de ses enfants ?

OSWALD. — Oui ; préféreriez-vous qu'on la repoussât ?

LE PASTEUR. — Ainsi, c'est de relations illégitimes que vous parlez, de ces faux ménages, comme on les appelle.

OSWALD. — Je n'ai jamais remarqué rien de faux dans cette vie en commun.

LE PASTEUR. — Mais comment se peut-il qu'un homme ou une jeune femme qui ont... ne fût-ce qu'un peu d'éducation, s'accommodent d'une existence de ce genre, aux yeux de tout le monde?

OSWALD. — Eh ! que voulez-vous qu'ils fassent ? Un jeune artiste pauvre, une jeune fille pauvre... Il faut beaucoup d'argent pour se marier. Que voulez-vous qu'ils fassent?

LE PASTEUR. — Ce que je veux qu'ils fassent ? Ecoutez, monsieur Alving, je vais vous dire, moi, ce qu'il faut qu'ils fassent. Ils doivent vivre loin l'un de l'autre au début... : voilà ce qu'ils doivent faire.

OSWALD. — Ce discours ne vous servirait pas à grand'chose auprès de nous autres, jeunes hommes, passionnés, amoureux.

MADAME ALVING. — Ma foi, non, il ne vous servirait pas beaucoup.

LE PASTEUR, *insistant*. — Et les autorités qui tolèrent de telles choses, qui les laissent s'accomplir en plein jour !... (*Se tournant vers Mme Alving.*) N'avais-je pas raison d'être profondément inquiet de votre fils ?... Dans des cercles où l'immoralité s'étale effrontément, où elle acquiert, pour ainsi dire, droit de cité...

OSWALD. — Je vous avouerai de plus, monsieur le pasteur, que j'ai été l'hôte assidu d'un de ces ménages irréguliers, où je passais presque tous mes dimanches.

LE PASTEUR. — Des dimanches encore !

OSWALD. — Eh bien, oui ! C'est le jour où l'on s'amuse. Mais jamais je n'y ai entendu un mot inconvenant ; encore moins y ai-je été témoin de quoi que ce fût qui pût être taxé d'immoral. Non ; savez-vous où et quand j'ai rencontré l'immoralité dans les cercles d'artistes ?

LE PASTEUR. — Non, Dieu merci, je n'en sais rien !

OSWALD. — Eh bien ! Je vais me permettre de vous le dire : je l'ai rencontrée alors que tel de nos maris et père de famille modèles est venu, chez les artistes, s'émanciper un brin et a daigné les honorer de sa visite, eux et leurs humbles tavernes. C'est alors que nous en avons appris de belles ! Ces messieurs nous initiaient, nous racontant des faits et des choses auxquels nous n'avions jamais songé.

LE PASTEUR. — Quoi? Vous prétendriez que des hommes honorables de ce pays iraient...?

OSWALD. — Avez-vous jamais entendu ces hommes honorables, rentrant chez eux, discuter de l'immoralité qui règne dans les pays étrangers ?

LE PASTEUR. — Oui, naturellement...

MADAME ALVING. — Eh bien, moi aussi, je les ai entendus.

OSWALD. — Ah certes! On peut les croire sur parole. Il y a parmi eux des experts. (*Il se prend la tête.*) Se peut-il qu'on puisse ainsi la couvrir de boue, la belle, la superbe, la libre existence de là-bas !

MADAME ALVING. — Il ne faut pas t'exalter, Oswald ; cela ne te fait pas de bien.

OSWALD. — Non, tu as raison, mère, cela ne me vaut rien. C'est cette maudite fatigue, vois-tu. Allons, je vais faire une petite promenade avant le dîner. Excusez-moi, monsieur le pasteur; vous ne pouvez pas vous mettre à ma place ; mais cela m'a pris ainsi brusquement.

(Il sortit par la porte de droite.)

MADAME ALVING. — Mon pauvre enfant...!

LE PASTEUR. — Oui. Il me plaît de vous l'entendre dire. Voilà donc où il en est !

MADAME ALVING *le regarde en silence.*

LE PASTEUR, *arpentant la scène.* — Enfant prodigue, a-t-il dit ; hélas, oui ! hélas, oui !

MADAME ALVING *continue à le regarder.*

LE PASTEUR. — Et vous-même, que dites-vous de tout cela ?

MADAME ALVING. — Je dis qu'Oswald a raison d'un bout à l'autre.

LE PASTEUR, *avec un soubresaut.* — Raison ! raison d'émettre de tels principes ?

MADAME ALVING. — Ici, dans ma solitude, je suis arrivée à penser comme lui, monsieur le pasteur. Mais je n'ai jamais osé toucher la question de trop près. Soit ! mon fils parlera pour moi.

LE PASTEUR. — Vous êtes bien à plaindre, madame Alving. Ecoutez-moi, nous allons causer sérieusement. En cet instant, vous n'avez plus devant vous votre homme d'affaires, votre conseiller, votre ami de jeunesse et celui de votre défunt mari ; c'est le prêtre qui est là et qui vous parle comme il le faisait à l'heure du plus grand égarement de votre vie.

MADAME ALVING. — Et qu'a-t-il à me dire, le prêtre ?

LE PASTEUR. — Je veux d'abord remuer vos souvenirs, madame. Le moment est bien choisi : demain est le dixième anniversaire de la mort de votre mari. Demain, le voile tombera du monument qui doit honorer sa mémoire. Demain, je m'adresserai à toute l'assemblée ; aujourd'hui, je veux m'entretenir avec vous seule.

MADAME ALVING. — Bien, monsieur le pasteur, parlez.

LE PASTEUR. — Vous souvenez-vous qu'après une année de mariage, à peine, vous vous êtes trouvée au bord même de l'abîme, que vous avez déserté votre foyer... que vous avez abandonné votre mari ? Oui, madame Alving... abandonné, abandonné, et vous avez refusé de revenir chez lui, malgré toutes ses prières, malgré toutes ses supplications.

MADAME ALVING. — Avez-vous oublié à quel point j'ai été malheureuse cette première année ?

LE PASTEUR. — Chercher le bonheur dans cette vie, c'est là le véritable esprit de rébellion. Quel droit avons-nous au bonheur ? Non, nous devons faire notre devoir, madame, et votre devoir était de demeurer auprès de l'homme que vous aviez une fois choisi et auquel vous attachait un lien sacré.

MADAME ALVING. — Vous savez bien la vie que menait Alving à cette époque et de quels désordres il se rendait coupable.

LE PASTEUR. — Je sais fort bien les bruits qui couraient sur son compte, et loin de moi l'intention d'approuver la conduite de sa jeunesse, pour autant que ces bruits fussent fondés. Mais une femme n'est pas autorisée à s'ériger en juge de son mari. Votre devoir consistait à supporter en toute humilité la croix que la volonté d'en Haut avait trouvé bon de vous imposer. Au lieu de cela, vous vous êtes révoltée, vous avez rejeté la croix, abandonné l'être défaillant que vous aviez mission de soutenir. Vous avez déserté, en exposant votre nom et votre réputation, et vous avez été sur le point de perdre par-dessus le marché la réputation des autres.

MADAME ALVING. — Des autres ? D'un autre, voulez-vous dire.

LE PASTEUR. — N'était-ce pas trop inconsidéré de venir chercher un refuge chez moi ?

MADAME ALVING. — Chez notre pasteur ? Chez l'ami de notre maison ?

LE PASTEUR. — Précisément à cause de cela. Oui, vous pouvez bien remercier Notre-Seigneur et Maître de ce que j'ai eu la fermeté nécessaire, de ce que je vous ai détournée de vos desseins exaltés et de ce qu'il m'a été donné de vous ramener dans la voie du devoir et dans la maison de votre époux légitime.

MADAME ALVING. — Oui, pasteur Manders, ce fut là, certes, votre ouvrage.

LE PASTEUR. — Je n'ai été qu'un humble instrument dans la main du Très-Haut. Et ce bonheur qui m'a été donné de vous plier au devoir et à l'obéissance, quelle bénédiction n'en est-il pas résulté pour tout le reste de votre vie! Les choses ne se sont-elles pas arrangées comme je vous l'avais prédit? Alving n'a-t-il pas dit adieu à tous les désordres de son existence, comme il sied à un homme? Et, depuis, tous ses jours ne se sont-ils pas écoulés près de vous, dans l'amour et à l'abri de tout reproche? N'est-il pas devenu le bienfaiteur de la contrée, et, vous-même, ne vous a-t-il pas élevée avec lui, en sorte que vous êtes devenue peu à peu sa collaboratrice? et une vaillante collaboratrice, certes! Oh! je sais tout cela, madame Alving; je vous dois cet éloge. Mais arrivons à ce qui, après celle-là, a été la grande erreur de votre vie.

MADAME ALVING. — Que voulez-vous dire?

LE PASTEUR. — De même que vous avez un jour renié les devoirs de l'épouse, vous avez renié plus tard ceux de la mère.

MADAME ALVING. — Ah!...

LE PASTEUR. — Vous avez été dominée toute votre vie par une invincible confiance en vous-même. Vous n'avez jamais tendu qu'à l'affranchissement de tout joug et de toute loi. Jamais vous n'avez voulu supporter une chaîne quelle qu'elle fût. Tout ce qui vous gênait dans la vie, vous l'avez rejeté sans regret, sans hésitation, comme un fardeau insupportable, n'écoutant que votre bon plaisir. Il ne vous convenait plus d'être épouse, et vous vous êtes libérée de votre mari, il vous semblait incommode d'être mère, et vous avez envoyé votre fils parmi les étrangers.

MADAME ALVING. — C'est vrai, j'ai fait tout cela.

LE PASTEUR. — Aussi êtes-vous devenue une étrangère pour lui.

MADAME ALVING. —Non, non, vous vous trompez.

LE PASTEUR. — Je ne me trompe pas, et c'est naturel. Comment vous est-il revenu ? Pensez-y bien, madame Alving. Vous avez été coupable envers votre mari ; vous le reconnaissez vous-même en élevant ce monument à sa mémoire ; reconnaissez aussi vos torts envers votre fils ; peut-être est-il encore temps de le ramener dans le droit chemin. Retournez vous-même sur vos pas et redressez en lui ce qui, je l'espère, se laissera encore redresser. (*Il lève l'index.*) Car, je vous le dis en vérité, madame Alving, vous êtes une mère coupable ! C'est ce que j'ai jugé de mon devoir de vous déclarer.

(Un silence.)

MADAME ALVING, *lentement, en se dominant.* — Vous avez dit, monsieur le pasteur, et demain vous parlerez en public pour honorer la mémoire de mon mari. Je ne parlerai pas demain. Mais aujourd'hui, j'aurai, moi aussi, quelques communications à vous faire...

LE PASTEUR. — Naturellement, vous allez chercher à excuser votre conduite.

MADAME ALVING. — Non. Je me contenterai de
vous raconter certains faits.

LE PASTEUR. — Voyons.

MADAME ALVING. — Dans tout ce que vous venez
de dire au sujet de mon mari, de moi et de notre
vie commune, après que vous m'eûtes fait, pour
user de votre langage, rentrer dans la voie du
devoir, — dans tout cela il n'y a absolument rien
dont vous ayez eu connaissance par vous-même;
depuis ce moment, en effet, vous — notre hôte
journalier — vous n'avez plus remis les pieds dans
notre maison.

LE PASTEUR. — Vous et votre mari, vous avez
quitté la ville aussitôt après ces événements.

MADAME ALVING. — Oui; et du vivant de mon
mari, vous n'êtes jamais venu nous trouver ici.
Ce sont les affaires de l'asile qui vous ont forcé à
me voir.

LE PASTEUR, *bas et d'une voix mal assurée.* — Hélène... si c'est là un reproche, je vous prie de réfléchir...

MADAME ALVING. — ... Aux égards que vous deviez à votre état; oui. Et puis j'étais, moi, la
femme qui avait abandonné son mari. On ne saurait se tenir à trop de distance des femmes de cette
espèce.

LE PASTEUR. — Chère... madame Alving, il y a là une exagération si évidente.

MADAME ALVING. — Oui, oui, oui, laissons cela. Tout ce que je voulais vous dire, c'est qu'en jugeant ma vie domestique, vous ne faites que vous joindre tout simplement à l'opinion courante.

LE PASTEUR. — Eh bien oui! Et après?

MADAME ALVING. — Mais aujourd'hui, Manders, aujourd'hui je veux vous dire la vérité. Je me suis jurée que vous la sauriez un jour, vous seul.

LE PASTEUR. — Et quelle est donc cette vérité?

MADAME ALVING. — Cette vérité, c'est que mon mari est mort dans la dissolution où il avait toujours vécu.

LE PASTEUR, *cherchant le dossier d'une chaise pour s'appuyer*. — Qu'avez-vous dit?

MADAME ALVING. — Dissolution aussi profonde après dix-neuf ans de mariage qu'elle l'était à la veille de notre union.

LE PASTEUR. — Et ces égarements de jeunesse, ces irrégularités, ces désordres, si vous voulez, vous appelez cela de la dissolution!

MADAME ALVING. — Notre médecin se servait de cette expression.

LE PASTEUR. — Maintenant je ne vous comprends plus.

MADAME ALVING. — Il est inutile que vous me compreniez.

LE PASTEUR. — Ma tête s'égare. Ainsi tout votre mariage, cette communauté de tant d'années passées avec votre mari, n'aurait été qu'un voile jeté sur un abîme !

MADAME ALVING. — Ni plus, ni moins. A présent, vous le savez.

LE PASTEUR. — Cette... Il se passera longtemps avant que je me rende compte de tout cela. Je n'y comprends absolument rien ! Je ne puis pas m'en faire une idée. Mais comment était-il possible...? Comment une telle chose a-t elle pu rester cachée ?

MADAME ALVING. — Pour que le secret ne fût pas levé, j'ai dû soutenir une lutte de tous les instants. Après la naissance d'Oswald, un mieux sembla s'être produit chez Alving; mais il ne fut pas de longue durée. Plus tard, j'ai dû lutter double, livrer un combat mortel, pour que personne ne devinât quel homme était le père de mon enfant. D'autre part, vous vous rappelez comment Alving savait gagner les cœurs. Il semblait que personne ne pût concevoir une mauvaise pensée à son endroit. Il était de cette espèce d'hommes sur la réputation de qui la vie n'a pas de prise. Mais à la fin, Manders, — il faut que vous sachiez tout — à la fin il commit une abomination plus grande que toutes les autres.

LE PASTEUR. — Plus grande que tout ?

MADAME ALVING. — J'avais pris mon mal en patience, bien que je n'ignorasse rien de ce qui se passait hors de la maison ; mais quand le scandale se fut installé entre ces quatre murs...

LE PASTEUR. — Vous dites ? Ah, mon Dieu !

MADAME ALVING. — Oui, ici, sous notre toit. C'est là (*elle indique la première porte à droite*) que j'en ai eu la première révélation un jour que j'avais à faire dans cette chambre ; je vis la bonne rentrer avec de l'eau pour arroser les fleurs.

LE PASTEUR. — Eh bien ?...

MADAME ALVING. — Un instant après, Alving rentra aussi. Je l'entendis qui parlait tout doucement à cette fille. Puis j'entendis — (*avec un rire sec*), oh ! cela me sonne encore à l'oreille, déchirant et ridicule à la fois ; — j'entendis ma propre bonne murmurer : « Laissez-moi, mais lâchez-moi donc, monsieur le chambellan. »

LE PASTEUR. — Oh ! l'impardonnable légèreté ! Mais ce n'est là qu'une légèreté, madame Alving, croyez-le bien.

MADAME ALVING. — Ce que je devais en croire, je l'appris bientôt. Le chambellan arriva à ses fins avec la fille, et cette liaison, pasteur, eut des suites.

LE PASTEUR, *pétrifié*. — Tout cela dans cette maison ! dans cette maison !

MADAME ALVING. — J'ai supporté bien des choses dans cette maison. Pour l'y retenir les soirs et les nuits, j'ai dû me faire le camarade de ses orgies secrètes, là-haut, dans sa chambre. J'ai dû m'attabler avec lui en tête-à-tête, trinquer et boire avec lui, écouter ses insanités ; j'ai dû lutter corps à corps avec lui pour le mettre au lit.

LE PASTEUR, *ému*. — Et vous avez pu supporter tout cela !

MADAME ALVING. — J'avais mon fils, c'est pour lui que je souffrais tout. Mais à ce dernier outrage, quand j'ai vu ma propre bonne... je me suis juré que tout cela aurait une fin. Alors j'ai pris le dessus dans la maison, le dessus sur tout... sur lui-même et sur le reste. C'est que maintenant, voyez-vous, j'avais une arme contre lui, il n'osait plus bouger. C'est alors qu'Oswald a été envoyé hors d'ici. Il entrait à cette époque dans sa septième année et commençait à observer et à poser des questions, comme font les enfants. Tout cela, Manders, je ne pouvais pas le souffrir. Il me parut que l'enfant devait s'empoisonner dans ce milieu de souillure. C'est pour cela que je l'en fis sortir. Maintenant, vous comprenez aussi pourquoi il n'a jamais remis le pied dans la maison, tant que son père a vécu. Personne ne sait combien il m'en a coûté.

LE PASTEUR. — En vérité, vous avez fait de la vie une dure expérience.

MADAME ALVING. — Je n'aurais jamais résisté, si

je n'avais pas eu mon devoir à accomplir. Ah, je puis dire que j'ai travaillé ! Tous ces résultats, la terre agrandie, le domaine amélioré, toutes ces œuvres utiles, dont Alving a recueilli l'honneur et la gloire, croyez-vous que ce soit lui qui les ait accomplis ? Lui qui, du matin au soir, était étendu sur son sofa, plongé dans la lecture d'un vieil almanach officiel ! Non, je veux que vous sachiez une chose encore : c'est moi qui l'y poussais en ses heures de lucidité ; c'est encore moi qui devais porter tout le fardeau, quand il se plongeait, selon son habitude, dans le désordre, ou s'abîmait dans un marasme sans nom.

LE PASTEUR. — Et c'est à la mémoire de cet homme que vous élevez un monument ?

MADAME ALVING. — Vous voyez ce que peut une mauvaise conscience.

LE PASTEUR. — Une mauvaise...? Que voulez-vous dire ?

MADAME ALVING. — Il m'a toujours semblé que la vérité ne pouvait manquer de se faire jour et qu'elle finirait par être connue de tous. Aussi, cet asile est-il destiné, en quelque sorte, à faire taire toutes les rumeurs et à écarter tous les soupçons.

LE PASTEUR. — Et vous n'avez certes pas manqué votre but, madame Alving.

MADAME ALVING. — Et puis, j'avais encore un

mobile. Je ne voulais pas qu'Oswald, mon fils, héritât de son père, en quoi que ce fût.

LE PASTEUR. — Ainsi, c'est avec l'héritage d'Alving que...?

MADAME ALVING. — Oui, les sommes qu'année par année j'ai consacrées à cet asile forment — je l'ai exactement calculé — le montant d'un avoir qui, dans le temps, faisait considérer le lieutenant Alving comme un bon parti.

LE PASTEUR. — Je vous comprends...

MADAME ALVING. — Cet argent avait été le prix d'achat. Je ne veux pas qu'il passe aux mains d'Oswald. Mon fils doit tout tenir de moi, tout.

(Oswald Alving entre par la seconde porte de droite ; il a laissé dans le vestibule son pardessus et son chapeau.)

MADAME ALVING, *allant au-devant de lui.* — Te voici de retour, mon cher, cher garçon.

OSWALD. — Oui ; que peut-on faire dehors par cette pluie éternelle ? Mais j'entends dire que nous nous mettons à table. La bonne nouvelle !

RÉGINE, *venant de la salle à manger, un paquet à la main .*— Voici un paquet pour madame.

(Elle remet le paquet à Mme Alving.)

MADAME ALVING, *jetant un regard au pasteur.* — Les cantates pour la fête de demain, probablement.

LE PASTEUR. — Hm...

RÉGINE. — Et puis, madame est servie.

MADAME ALVING. — C'est bien, nous vous suivons à l'instant. Je veux seulement...

(Elle se met à ouvrir le paquet.)

RÉGINE, *à Oswald*. — Monsieur Alving désire-t-il du porto blanc ou du porto rouge?

OSWALD. — L'un et l'autre, demoiselle Engstrand.

RÉGINE. — Bien...; très bien, monsieur Alving.

(Elle rentre dans la salle à manger.)

OSWALD. — Je puis vous aider à déboucher...

(Il la suit dans la salle à manger, dont la porte reste entr'ouverte.)

MADAME ALVING, *après avoir ouvert le paquet*. — C'est bien cela, voici les cantates, pasteur.

LE PASTEUR, *joignant les mains*. — Comment pourrai-je avoir l'esprit assez libre pour prononcer mon discours demain? En vérité!...

MADAME ALVING. — Oh! vous vous en tirerez.

LE PASTEUR, *baissant la voix, pour ne pas être entendu de la salle à manger*. — Que voulez-vous, nous ne pouvons pourtant pas éveiller le scandale.

MADAME ALVING, *baissant la voix, mais avec fermeté*. — Non; mais ce sera la fin de cette longue et vilaine comédie. Dès après demain, j'agirai comme si le défunt n'avait jamais vécu dans cette maison. Il ne restera personne ici, que mon fils et sa mère

(On entend dans la salle à manger le bruit d'une
chaise qui tombe et des paroles.)

La voix de RÉGINE, *moitié stridente, moitié étouffée.* — Oswald, es-tu donc fou ? Lâche-moi !

MADAME ALVING, *reculant épouvantée.* — Ah !...

(Elle fixe des yeux égarés sur la porte entr'ouverte.
On entend Oswald tousser et ricaner. Bruit d'une bouteille qu'on débouche.)

LE PASTEUR, *indigné.* — Mais que veut dire...?
Qu'est-ce que cela, madame Alving ?

MADAME ALVING, *d'une voix rauque.* — Des revenants. Le couple du jardin d'hiver qui revient.

LE PASTEUR. — Que dites-vous ? Régine...? Elle
serait...?

MADAME ALVING. — Oui. Venez. Pas un mot !...

(Elle saisit le bras du pasteur Manders et se dirige
d'un pas mal assuré vers la salle à manger.)

DEUXIÈME ACTE

———

Même décor. Le ciel est toujours couvert d'une
brume épaisse.

Le Pasteur MANDERS et Madame ALVING sortent de
la salle à manger.

MADAME ALVING, *tournant la tête en arrière.* —
Viens-tu, Oswald?

OSWALD, *hors de la scène.* — Non, merci, je vais
faire un petit tour.

MADAME ALVING. — C'est ça. Sors un moment
avant que l'averse ne recommence. (*Elle ferme la
porte de la salle à manger, se dirige vers celle du
vestibule et appelle.*) Régine!

RÉGINE, *hors de la scène.* — Madame?

MADAME ALVING. — Va dans la buanderie mettre
la main aux guirlandes.

RÉGINE. — Oui, madame.

MADAME ALVING *s'assure que Régine est sortie,
puis ferme la porte.*

LE PASTEUR. — Il ne peut rien entendre d'où il est, n'est-ce pas ?

MADAME ALVING. — Non, si la porte est fermée; d'ailleurs, il va sortir.

LE PASTEUR. — J'en suis encore tout abasourdi. Je ne comprends pas comment j'ai pu avaler une bouchée.

MADAME ALVING, *arpentant la scène et cherchant à dominer son trouble.* — Ni moi non plus, mais que faire ?

LE PASTEUR. — Que faire, en effet ? Ma foi, je n'en sais rien. J'ai si peu l'expérience de ce genre d'affaires.

MADAME ALVING. — Je suis absolument sûre qu'il n'y a encore rien...

LE PASTEUR. — Non ! Le ciel nous en préserve ! Mais ce n'en sont pas moins des familiarités fort inconvenantes.

MADAME ALVING. — Tout cela est une simple fantaisie d'Oswald; vous pouvez en être convaincu.

LE PASTEUR. — Mon Dieu, je suis, je le répète, peu compétent dans ces sortes d'affaires. Il me semblerait pourtant.

MADAME ALVING. — Il faut qu'elle quitte la maison, et sur-le-champ, c'est clair comme le jour.

LE PASTEUR. — Naturellement...

MADAME ALVING. — Mais où ira-t-elle ? Nous ne pouvons pas prendre la responsabilité de...

LE PASTEUR. — Elle ira tout simplement chez son père.

MADAME ALVING. — Chez qui, dites-vous ?

LE PASTEUR. — Chez son... Mais non ; c'est vrai : Engstrand n'est pas son... Mais, bon Dieu, madame, comment est-ce possible ? Allez, vous vous serez trompée.

MADAME ALVING. — Hélas ! Je ne me suis pas trompée. Jeanne a dû se confesser à moi et Alving n'a pu nier. Il ne restait donc qu'à étouffer l'affaire.

LE PASTEUR. — Évidemment, il n'y avait pas d'autre parti à prendre.

MADAME ALVING. — La fille a immédiatement quitté la maison, après avoir reçu pour prix de son silence une somme assez ronde. Avec cela, une fois en ville, elle a su se retourner seule. Elle y a renouvelé connaissance avec le menuisier Engstrand, à qui elle a laissé entendre combien d'argent elle possédait et à qui elle a conté quelque histoire où il était question d'un étranger qui, l'été précédent, serait entré dans le port avec son yacht. Et voilà comment Engstrand et elle se sont mariés du jour au lendemain. Eh, c'est vous-même qui les avez mariés.

LE PASTEUR. — Mais, comment expliquer... ? Je me rappelle très bien l'attitude d'Engstrand, lorsqu'il est venu me trouver au sujet de son mariage.

Il était si profondément contrit et se reprochait avec tant d'amertume la légèreté avec laquelle sa promise et lui s'étaient rendus coupables.

MADAME ALVING. — Il fallait bien qu'il prît la faute sur lui.

LE PASTEUR. — Mais toute cette dissimulation, et cela envers moi ! Je ne m'y serais pas attendu de la part de Jacques Engstrand. Ah, il n'en rendra compte, et cela sérieusement, il peut en être sûr. Et puis, tout ce qu'il y a d'immoral dans une telle union ! Pour de l'argent ! A combien se montait la somme dont la fille pouvait disposer ?

MADAME ALVING. — A trois cents écus.

LE PASTEUR. — Voyez un peu ! Pour trois cents misérables écus, épouser une femme perdue !

MADAME ALVING. — Et que dites-vous de moi, qui me suis laissée marier à un homme perdu ?

LE PASTEUR. — Mais, Dieu me pardonne... ! Que dites-vous là ? Un homme perdu !

MADAME ALVING. — Croyez-vous par hasard qu'Alving fût plus pur quand je l'ai accompagné à l'autel que Jeanne quand Engstrand l'épousa ?

LE PASTEUR. — Les cas sont différents à tel point...

MADAME ALVING. — Pas tant que cela. Les prix seuls différaient : d'un côté, trois cents misérables écus... de l'autre, une fortune.

LE PASTEUR. — Voyons ! Comment pouvez-vous

comparer deux choses si dissemblables ? N'aviez-vous pas, vous, pris conseil de vos proches et sondé votre propre cœur?

MADAME ALVING, *sans le regarder*. — Je croyais que vous aviez compris, où ce cœur, comme vous l'appelez, s'était égaré à cette époque.

LE PASTEUR, *avec austérité*. — Si je l'avais compris, je ne serais pas devenu l'hôte journalier de la maison de votre mari.

MADAME ALVING. — Enfin, ce qu'il y a de certain, c'est que je ne m'étais pas consultée.

LE PASTEUR. — Bien; mais vous n'en aviez pas moins suivi les prescriptions en prenant l'avis de vos plus proches parents : celui de votre mère et de vos deux tantes.

MADAME ALVING. — C'est vrai. Ce sont elles trois qui ont conclu l'affaire et non moi. Etaient-elles assez convaincues que c'eût été folie de repousser une offre semblable ! Si ma mère pouvait revenir aujourd'hui et voir où en sont toutes ces splendeurs !

LE PASTEUR. — Personne ne peut répondre du résultat. Ce qu'il y a de certain, c'est que votre mariage a été conclu strictement selon l'ordre prescrit.

MADAME ALVING, *à la fenêtre*. — Ah, cet ordre et ces prescriptions ! Il me semble parfois que ce sont eux qui causent tous les malheurs de ce monde !

LE PASTEUR. — Madame Alving, maintenant, vous commettez un péché.

MADAME ALVING. — C'est possible; mais tous ces liens, tous ces égards me sont devenus insupportables. Je ne peux pas... je veux me dégager, je veux la liberté.

LE PASTEUR. — Que voulez-vous dire ?

MADAME ALVING, *tambourinant sur une vitre.* — Je n'aurais pas dû jeter le manteau sur la vie d'Alving. Mais je n'osais pas agir autrement, même par considération personnelle, tant j'étais lâche.

LE PASTEUR. — Lâche?

MADAME ALVING. — Si on avait su quelque chose, on aurait dit: Le pauvre homme ! il est naturel qu'il se dérange : un homme dont la femme s'enfuit.

LE PASTEUR. — On aurait eu quelque droit de tenir ce propos.

MADAME ALVING, *le regardant bien en face.* — Si j'étais celle que j'aurais dû être, j'aurais pris Oswald à part et je lui aurais dit : Ecoute, mon garçon, ton père était un homme perdu...

LE PASTEUR. — Miséricorde !...

MADAME ALVING. — Je lui aurais raconté tout ce que je vous ai raconté à vous-même ni plus ni moins.

LE PASTEUR. — Je vais finir par m'indigner contre vous, madame.

MADAME ALVING. — Je sais, je sais. Je suis moi-même indignée (*s'éloignant de la fenêtre*), tant je suis lâche.

LE PASTEUR. — Et vous appelez lâcheté le fait de remplir tout simplement votre devoir? Avez-vous oublié qu'un enfant doit amour et respect à ses père et mère?

MADAME ALVING. — Pas de généralités. Une question: Oswald doit-il aimer et respecter le chambellan Alving?

LE PASTEUR. — N'y a-t-il pas une voix de mère qui vous défende de briser l'idéal de votre fils?

MADAME ALVING. — Et la vérité, donc?

LE PASTEUR. — Et l'idéal, donc?

MADAME ALVING. — Oh! l'idéal, l'idéal! Si j'étais seulement plus courageuse que je ne le suis!

LE PASTEUR. — Ne jetez pas la pierre à l'idéal, madame, car il se venge cruellement. Et puisqu'il s'agit d'Oswald, Oswald, hélas! n'est pas très riche d'idéal; mais autant que j'ai pu voir, il en est un pour lui: c'est son père.

MADAME ALVING. — En cela, vous ne vous trompez pas.

LE PASTEUR. — Et ce sentiment, vous l'avez éveillé et nourri vous-même par vos lettres.

MADAME ALVING. — Oui, j'étais l'esclave du devoir et des égards: aussi, durant des années ai-je menti devant mon fils. Oh, lâche, lâche que j'étais!

LE PASTEUR. — Vous avez implanté une illusion salutaire dans l'âme de votre fils, madame Alving, et certes ce n'est pas un bien de peu de valeur.

MADAME ALVING. — Hm! qui sait si c'est un bien?... Quant à une intrigue avec Régine, je n'en veux pas. Il ne doit pas s'amuser à faire le malheur de cette pauvre fille.

LE PASTEUR. — Ah, grand Dieu, non! Ce serait épouvantable.

MADAME ALVING. — Si je savais qu'il eût des intentions sérieuses, et qu'il y allât de son bonheur...

LE PASTEUR. — De quoi? Je ne comprends pas.

MADAME ALVING. — Mais ce n'est pas le cas, car Régine ne s'y prête malheureusement pas.

LE PASTEUR. — Comment cela? Que voulez-vous dire?

MADAME ALVING. — Si je n'étais pas aussi poltronne, il me serait doux de lui dire : Epouse-la ou faites comme il vous plaira; seulement pas de tromperie.

LE PASTEUR. — Mais miséricorde! Un mariage en règle dans ces conditions! Une chose si épouvantable... si inouïe!

MADAME ALVING. — Inouïe, dites-vous? La main sur le cœur, pasteur, ne croyez-vous pas qu'autour de nous, dans le pays, il y ait plus d'une union entre gens tout aussi proches?

LE PASTEUR. — Je ne vous comprends plus.

MADAME ALVING. — Mais oui !

LE PASTEUR. — Allons! vous pensez à des cas exceptionnels où... hélas! la vie de famille n'est malheureusement pas toujours aussi pure qu'elle devrait être. Mais une chose comme celle à laquelle vous faites allusion ne se sait jamais... du moins avec certitude. Ici, au contraire... vous pourriez vouloir, vous une mère, que votre...

MADAME ALVING. — Mais je ne le veux pas du tout. Pour rien au monde je ne voudrais y consentir ; c'est précisément ce que je dis.

LE PASTEUR. — Parce que vous êtes lâche, selon votre expression. Ainsi, si vous n'étiez pas lâche... Bonté divine ! Une union si révoltante !

MADAME ALVING. — Eh ! nous en descendons tous, paraît-il, d'unions de cette sorte. Et qui a institué ces choses-là, pasteur ?

LE PASTEUR. — Je ne traite pas de tels sujets avec vous, madame. Vous êtes loin d'être dans la disposition requise. Seulement, quand vous osez dire qu'il y a lâcheté de votre part à...

MADAME ALVING. — Ecoutez, et sachez comment je l'entends. Je suis craintive, j'ai peur parce qu'il y a en moi quelque chose, quelque chose qui m'obsède, des souvenirs terribles qui me hantent comme des revenants dont je ne puis me défaire.

LE PASTEUR. — Comment avez-vous dit ?

MADAME ALVING. — Quand j'ai entendu là, à côté

Régine et Oswald, ça a été comme si le passé s'était dressé devant moi. Mais je suis près de croire, pasteur, que nous sommes tous des revenants. Ce n'est pas seulement le sang de nos père et mère qui coule en nous, c'est encore une espèce d'idée détruite, une sorte de croyance morte, et tout ce qui en résulte. Cela ne vit pas, mais ce n'en est pas moins là, au fond de nous-même, et jamais nous ne parvenons à nous en délivrer. Que je prenne un journal et me mette à le lire : et je vois des fantômes surgir entre les lignes. Il me semble, à moi, que le pays est peuplé de revenants, qu'il y en a autant que de grains de sable dans la mer. Et puis, tous, tant que nous sommes, nous avons une si misérable peur de la lumière !

LE PASTEUR. — Voilà donc le fruit de vos lectures. Beau fruit, en vérité ! Ah, ces abominables livres, ces révoltants écrits des libres-penseurs !

MADAME ALVING. — Vous vous trompez, mon cher pasteur. Celui qui m'a poussée à la réflexion, c'est vous-même, et grâces vous en soient rendues.

LE PASTEUR. — Moi ?

MADAME ALVING. — Oui. Lorsque vous m'avez pliée à ce que vous appeliez le devoir, lorsque vous avez vanté comme juste et équitable ce contre quoi tout mon être se révoltait avec horreur, j'ai commencé à examiner l'étoffe de vos enseignements. Je ne voulais toucher qu'à un seul point ; mais, celui-ci défait, tout s'est décousu. Et je vis alors que vos coutures étaient faites à la machine.

LE PASTEUR, *lentement, avec émotion.* — Serait-ce là le prix de ce qui fut le plus dur combat de ma vie ?

MADAME ALVING. — Dites plutôt la plus lamentable de vos défaites.

LE PASTEUR. — Ce fut la plus grande victoire de ma vie, Hélène : un triomphe sur moi-même.

MADAME ALVING. — Un crime envers nous deux.

LE PASTEUR. — Quoi ? Quand je vous ai suppliée, quand je vous ai dit : « Femme, retournez chez celui qui est votre époux devant la loi, » alors que vous, tout égarée, vous étiez venue chez moi en criant : « Me voici, prenez moi ! » vous appelez cela un crime ?

MADAME ALVING. — Oui, à mon avis.

LE PASTEUR. — Vous et moi, nous ne nous comprendrons jamais.

MADAME ALVING. — En tout cas, nous ne nous comprenons plus.

LE PASTEUR. — Jamais... jamais, dans mes pensées les plus secrètes, je ne vous ai considérée autrement que comme la femme d'un autre.

MADAME ALVING. — Vous en êtes sûr ?

LE PASTEUR. — Hélène !

MADAME ALVING. — Il est si facile d'oublier pour soi-même.

LE PASTEUR. — Pas tant que cela. Moi, je suis celui que j'ai toujours été.

MADAME ALVING, *changeant de ton.* — Bien, bien, ne parlons plus des jours anciens. Maintenant, vous êtes plongé jusqu'au cou dans les comités et les directions, et moi, je suis là, à lutter contre des revenants, au dedans comme au dehors.

LE PASTEUR. — Quant à ceux du dehors, je pourrai vous aider à en avoir raison. Après tout ce que j'ai été épouvanté d'apprendre aujourd'hui, je ne puis en conscience prendre sur moi de laisser dans votre maison une jeune fille inexpérimentée.

MADAME ALVING. — Ne croyez-vous pas que le mieux serait de lui trouver une position ? Je veux dire... quelque bon parti.

LE PASTEUR. — Sans aucun doute. Je pense qu'à tous les égards ce serait désirable pour elle. Régine a atteint l'âge où... ; mon Dieu, je ne m'entends pas à ces choses-là, mais...

MADAME ALVING. — Régine s'est développée de bonne heure.

LE PASTEUR. — N'est-ce pas ? Je crois me souvenir qu'en fait de développement corporel, elle était déjà très avancée à l'époque où je la préparais à la confirmation. Mais, en attendant, il est nécessaire, en tout cas, qu'elle rentre chez elle. Sous l'œil de son père... Mais non ! Engstrand n'est pas... Ah ! qu'il ait pu, lui, lui, me cacher ainsi la vérité !

(On frappe à la porte du vestibule.)

MADAME ALVIND. — Qui cela peut-il être ? Entrez.

ENGSTRAND, *en habits du dimanche, à l'entrée.* — Pardon, excuse, mais...

LE PASTEUR. — Ah ! ah ! Hm...

MADAME ALVING. — C'est vous, Engstrand ?

ENGSTRAND. — Les bonnes n'étaient pas là ; alors j'ai dû prendre l'extrême liberté de frapper à la porte.

MADAME ALVING. — C'est bien, c'est bien, entrez. Vous avez quelque chose à me dire ?

ENGSTRAND, *entrant.* — Non, bien obligé, c'est avec monsieur le pasteur que je voudrais échanger un petit mot.

LE PASTEUR, *arpentant la scène.* — Avec moi ? C'est à moi que vous voulez parler ? A moi, n'est-ce pas ?

ENGSTRAND. — Ah oui, je voudrais bien...

LE PASTEUR, *s'arrêtant devant lui.* — Eh bien ! puis-je savoir de quoi il s'agit ?

ENGSTRAND. — Mon Dieu, voilà ce que c'est, monsieur le pasteur : maintenant, là-bas, c'est l'heure de la paie. Bien des remerciements, madame. Et voilà que tout est prêt. Alors j'ai pensé comme cela que ce serait pourtant convenable, à nous, qui avons travaillé de si bon cœur ensemble

pendant tout ce temps... j'ai pensé que nous ferions bien de terminer par une petite réunion
pieuse.

LE PASTEUR. — Une réunion, là-bas, dans l'asile?

ENGSTRAND. — Oui... A moins que monsieur le
pasteur ne trouve pas ça convenable, alors...

LE PASTEUR. — Certainement, je le trouve convenable, mais... Hm...

ENGSTRAND. — J'avais pris moi-même l'habitude
d'arranger de petites réunions, le soir...

MADAME ALVING. — Vraiment?

ENGSTRAND. — Oui, de temps en temps, un petit
exercice de piété, mais je ne suis, moi, qu'un
pauvre être humble et grossier et je n'ai pas les
dons nécessaires... que Dieu me vienne en aide...
Alors j'ai pensé que, puisque monsieur le pasteur
Manders était ici...

LE PASTEUR. — C'est que, voyez-vous, maître
Engstrand, j'ai une question préalable à vous
faire. Êtes-vous dans les dispositions requises pour
une telle réunion? Avez-vous la conscience libre
et nette ?

ENGSTRAND. — Oh ! que Dieu nous pardonne. ce
n'est pas la peine de parler de sa conscience, monsieur le pasteur.

LE PASTEUR. — Au contraire, c'est précisément
à elle que nous avons affaire. Voyons, qu'avez-
vous à répondre ?

ENGSTRAND. — Hé, la conscience peut se trouver quelquefois en défaut.

LE PASTEUR. — Allons, vous en convenez du moins. Mais voulez-vous me dire là, franchement, qu'est-ce que c'est que toute cette histoire de Régine?...

MADAME ALVING, *vivement.* — Pasteur Manders !

LE PASTEUR, *faisant un geste pour la calmer.* — Laissez-moi faire.

ENGSTRAND. — Régine ?... Seigneur ! Vous me faite une peur ! (*Il regarde Mme Alving.*) Il n'est arrivé aucun mal à Régine ?

LE PASTEUR. — Il faut l'espérer. Mais ce dont je vous parle, c'est de votre situation, à vous, à l'égard de Régine. On vous tient, n'est-ce pas, pour son père ? Eh bien ?

ENGSTRAND, *hésitant.* — Hm ! Monsieur le pasteur connaît bien cette histoire entre moi et feue Jeanne...

LE PASTEUR. — Il n'y a plus à atténuer la vérité. Votre défunte femme a tout révélé à Mme Alving avant de quitter son service.

ENGSTRAND. — Oh ! que le...! Là, vrai, elle a fait ça ?...

LE PASTEUR. — Vous voilà donc démasqué, Engstrand.

ENGSTRAND. — ... Et elle qui avait juré serments et damnation... !

LE PASTEUR. — Et damnation !

ENGSTRAND. — Non, non, elle avait juré seulement, mais cela de tout son cœur.

LE PASTEUR. — Ainsi, pendant tant d'années, vous m'avez caché la vérité ! Vous me l'avez cachée, à moi qui vous témoignais une si ferme confiance en tout et toujours !

ENGSTRAND. — Hélas, oui c'est ça ce que j'ai fait.

LE PASTEUR. — Ai-je mérité que vous me trompiez, Engstrand ? Ne m'avez-vous pas toujours trouvé prêt à vous assister en paroles et en actions, autant que cela dépendait de moi ? Répondez, n'est-ce pas vrai ?

ENGSTRAND. — Plus d'une fois, en effet, j'aurais eu de la peine à sortir d'embarras, si je n'avais pas eu le pasteur Manders.

LE PASTEUR. — Et c'est ainsi que vous m'en récompensez. Vous m'avez fait commettre de fausses inscriptions dans les registres de la paroisse et, durant toute une série d'années, vous ne m'avez donné aucun des éclaircissements que vous me deviez, que vous deviez à la vérité. Votre conduite, Engstrand, est sans excuses, et, dès à présent, tout est fini entre nous !

ENGSTRAND, *avec un soupir*. — C'est vrai, je le sens bien.

LE PASTEUR. — Oui, car de quelle façon pourriez-vous vous justifier ?

ENGSTRAND. — Mais comment a-t-elle pu vous avouer sa honte ? Voyons, monsieur le pasteur, représentez-vous que vous êtes dans la même position que feue Jeanne...

LE PASTEUR. — Moi !

ENGSTRAND. — Ah ! bon Dieu, ce n'est qu'une supposition. Je veux dire, supposons, que monsieur le pasteur ait quelque point honteux à cacher aux yeux du monde, comme on dit. Nous autres hommes, nous ne devons pas trop nous hâter de condamner une pauvre femme, monsieur le pasteur.

LE PASTEUR. — Ce n'est pas votre femme que j'accuse, c'est vous.

ENGSTRAND. — Si j'avais le droit de faire à monsieur le pasteur une toute petite question ?

LE PASTEUR. — Allons, faites.

ENGSTRAND. — Le devoir d'un homme n'est-il pas de relever toute créature qui tombe ?

LE PASTEUR. — Evidemment.

ENGSTRAND. — Et un homme n'est-il pas tenu de faire honneur à sa parole ?

LE PASTEUR. — Oui encore. Mais...

ENGSTRAND. — Après son malheur du fait de cet Anglais, — peut-être était-ce un Américain, ou un Russe, comme on les appelle — Jeanne vint en ville. La pauvre fille, elle m'avait rebuté plusieurs fois déjà, car elle n'avait d'yeux, elle, que pour ce qui

était beau, et moi j'avais cette infirmité à la jambe.
Eh, oui ! monsieur le pasteur se souvient de l'acci-
dent. Un jour je m'étais aventuré dans un bal où
les matelots, les gens de mer se réjouissaient dans
l'ivresse et le délire, comme on dit. Comme je
voulais leur persuader d'embrasser une nouvelle
vie...

MADAME ALVING, *à la fenêtre*. — Hm...

LE PASTEUR. — Je sais, Engstrand : ces hommes
grossiers vous ont précipité du haut en bas de
l'escalier. Vous m'avez raconté la chose. Votre
infirmité vous fait honneur.

ENGSTRAND. — Je n'en tire pas vanité, monsieur
le pasteur. Pour lors, je voulais vous raconter
comment Jeanne est venue se confier à moi avec
des pleurs et des grincements de dents. Je puis
bien le dire, monsieur le pasteur, cela me déchi-
rait l'âme d'entendre ses lamentations.

LE PASTEUR. — Vraiment, Engstrand ? Continuez.

ENGSTRAND. — Pour lors, je lui dis : l'Américain
il vogue sur les grandes mers, et toi, Jeanne, tu as
commis un péché, et tu es une créature déchue.
Mais Jacques Engstrand, que je lui dis encore, il
est là, lui, solide sur ses jambes. Ça, ce n'était, si
l'on peut s'exprimer ainsi, qu'une figure, monsieur
le pasteur.

LE PASTEUR. — Je vous comprends très bien.
Continuez seulement.

ENGSTRAND. — Eh bien ! je l'ai relevée et épousée devant tout le monde, pour qu'on ne sache pas
comment elle s'était égarée avec des étrangers.

LE PASTEUR. — En tout cela, vous avez digne-
ment agi. Seulement, ce que je ne puis approuver,
c'est que vous vous soyez abaissé à accepter de
l'argent.

ENGSTRAND. — De l'argent ! Moi? Pas un denier.

LE PASTEUR, *interrogeant du regard M*^me^ *Alving.* — Mais...!

ENGSTRAND. — Ah, oui !... Attendez un peu ; je
me souviens, Jeanne avait quelques sous, c'est
vrai. Mais je n'ai jamais voulu en entendre parler.
Pouah ! ai-je dit, Mammon, c'est le prix du péché,
ça. Cet or misérable — peut-être est-ce des bank-
notes? je n'en sais rien... nous allons le jeter à
la figure de l'Américain, que je dis. Mais il était
parti, avait disparu à travers les mers et les orages,
monsieur le pasteur.

LE PASTEUR. — Vraiment, mon brave Engstrand?

ENGSTRAND. — Bien sûr. Alors, Jeanne et moi,
nous sommes convenus que cet argent devait servir à élever l'enfant; et il en a été ainsi, et je puis
rendre compte du moindre denier.

LE PASTEUR. — Mais cela change considérablement
la question.

ENGSTRAND. — C'est ainsi que ça s'est passé,
monsieur le pasteur, et, je puis bien le dire, j'ai

été un vrai père pour Régine, dans la mesure de mes forces, car je ne suis, hélas qu'un pauvre être infirme.

LE PASTEUR. — Allons, allons, mon cher Engstrand.

ENGSTRAND. — Mais, cela, je puis bien le dire, que j'ai élevé l'enfant, que j'ai vécu en esprit d'amour avec feue Jeanne et que j'ai exercé l'autorité dans la maison, comme il est écrit. Et jamais il n'a pu m'entrer dans la tête d'aller trouver le pasteur Manders pour me vanter et faire parade de ce que, moi aussi, j'avais une fois fait une bonne action. Non, quand pareille chose arrive à Jacques Engstrand, il se tait et le garde pour lui. Malheureusement, cela n'arrive pas souvent, comme vous pensez, et quand je suis avec le pasteur **Manders**, j'ai, ma foi, assez de lui parler d'erreurs et d'infirmités. Car, je répète ce que je disais tout à l'heure, la conscience peut être en défaut de temps à autre.

LE PASTEUR. — Donnez-moi votre main, Jacques Engstrand.

ENGSTRAND. — O bon Jésus ! monsieur le pasteur...

LE PASTEUR. — Pas de façons. (*Il lui serre la main.*) Voilà !

ENGSTRAND. — Et si je venais maintenant demander pardon à monsieur le pasteur...

LE PASTEUR. — Vous ? c'est moi, tout au contraire, qui vous dois des excuses.

ENGSTRAND. — Ah, pour cela, jamais !

LE PASTEUR. — Mais oui. Et je vous les fais de tout mon cœur. Pardonnez-moi de vous avoir soupçonné et si je pouvais vous témoigner d'une façon ou d'une autre ma pleine confiance et mon entière bienveillance...

ENGSTRAND. — Vous feriez ça. monsieur le pasteur ?

LE PASTEUR. — Avec le plus grand plaisir.

ENGSTRAND. — C'est que... vous en auriez l'occasion en ce moment même. Avec l'argent que j'ai pu mettre de côté ici, je veux fonder en ville un abri pour les marins.

MADAME ALVING. — Tiens !

ENGSTRAND. — Oui; ce serait, comme qui dirait, une sorte d'asile. L'homme de mer est assailli par toutes les tentations possibles quand il vient à terre ! Mais, chez moi, dans la maison dont je vous parle, il se trouverait comme sous l'œil d'un père, voilà ce que j'ai pensé.

LE PASTEUR. — Que dites-vous de cette idée, madame Alving ?

ENGSTRAND. — Je ne dispose pas de grand'chose, que Dieu me vienne en aide ; et si je trouvais une main bienfaisante...

LE PASTEUR. — C'est bien, c'est bien ; il faudra

que nous pesions tout cela. Votre dessein me sourit extrêmement. Maintenant, allez à vos affaires et illuminez pour que tout ait un petit air de fête ; après quoi nous nous occuperons de notre réunion édifiante, mon cher Engstrand ; car, à présent, je vous crois vraiment dans de bonnes dispositions.

ENGSTRAND. — Il me semble aussi. Alors, adieu, madame, et merci pour vos bontés ; et gardez-moi bien Régine (*il essuie une larme*), l'enfant de feue Jeanne... hm, c'est singulier... mais, c'est tout comme si elle m'avait poussé des racines dans le cœur. Ah, bien vrai, oui !

(*Il salue et sort par la porte du vestibule.*)

LE PASTEUR. — Eh bien ! Que dites-vous de cet homme, madame Alving ? L'explication qu'il nous a donnée diffère un peu de la vôtre...

MADAME ALVING. — En effet.

LE PASTEUR. — Vous voyez combien il faut prendre garde de porter un jugement sur son prochain. Mais quelle joie aussi dans le fait de reconnaître qu'on a eu tort ! Ne le pensez-vous pas ?

MADAME ALVING. — Je pense que vous êtes et resterez toujours un grand enfant, Manders.

LE PASTEUR. — Moi ?

MADAME ALVING, *posant ses deux mains sur les épaules du pasteur.* — Et j'ajoute que j'ai une grande envie de vous jeter les deux bras autour du cou.

LE PASTEUR, *se jetant vivement en arrière.* — Non, non, que Dieu vous bénisse!... De pareilles envies!...

MADAME ALVING, *souriant.* — Allons ! n'ayez donc pas peur de moi.

LE PASTEUR, *après s'être rapproché de la table.* — Vous avez parfois une manière si outrée de vous exprimer. Maintenant, je serre les documents dans mon portefeuille. (*Il le fait.*) Voilà. Au revoir. Ayez les yeux sur Oswald dès qu'il rentrera. Je reviendrai auprès de vous tout à l'heure.

(Il prend son chapeau et sort par la porte du vestibule.)

MADAME ALVING. *Elle pousse un soupir, jette un coup d'œil par la fenêtre, arrange un peu la chambre et se dispose à entrer dans la salle à manger ; mais, sur le seuil, elle s'arrête, stupéfaite, et pousse une sourde exclamation.* — Oswald ! Tu es encore à table !

OSWALD, *de la salle à manger.* — Je voulais seulement achever mon cigare.

MADAME ALVING. — Je croyais que tu étais allé te promener un moment.

OSWALD. — Par un temps pareil !

(On entend un bruit de verres. Mme Alving laisse la porte ouverte et s'assied sur le sofa près de la fenêtre, sa broderie à la main.)

OSWALD, *de la même place.* — N'est-ce pas le pasteur Manders qui vient de sortir ?

MADAME ALVING. — Oui, il est descendu à l'asile.

OSWALD. — Hm !

(On entend le choc d'un verre et d'un carafon.)

MADAME ALVING, *avec un coup d'œil inquiet.* — Cher Oswald, tu devrais prendre garde à cette liqueur ; elle est forte.

OSWALD. — Elle est bonne contre l'humidité.

MADAME ALVING. — Ne préfères-tu pas venir auprès de moi ?

OSWALD. — Je ne pourrais pas fumer.

MADAME ALVING. — Tu sais bien que tu pourras fumer un cigare.

OSWALD. — Bon, bon, j'y vais. Rien qu'une petite goutte encore... Voilà.

(Il entre, son cigare à la bouche, et ferme la porte sur lui. Un court silence.)

OSWALD. — Où est allé le pasteur ?

MADAME ALVING. — Mais je viens de te dire qu'il est descendu à l'asile.

OSWALD. — C'est juste.

MADAME ALVING. — Tu ne devrais pas rester si longtemps à table, Oswald.

OSWALD, *passant derrière le dos la main qui tient le cigare.* — Mais je trouve cela exquis, mère. (*Il la caresse et lui donne de petites tapes.*) Pense donc : pour moi qui viens de rentrer, être assis à la propre table de ma petite mère, dans la chambre de ma petite mère, et manger de l'excellente cuisine de ma petite mère.

MADAME ALVING. — Mon cher, cher garçon !

OSWALD. *Il se lève, marche et fume avec quelque impatience.* — Et que faire ici sans cela ? Je ne puis pas me mettre au travail.

MADAME ALVING. — Vraiment ? Tu ne le pourrais pas ?

OSWALD. — Par un temps gris, comme celui-là ? Sans qu'il perce un rayon de soleil de toute la journée ? (*Il arpente la scène.*) Oh, le supplice de ne pas pouvoir travailler... !

MADAME ALVING. — C'est peut-être un peu irréfléchi de ta part d'être revenu ?

OSWALD. — Non, mère, il le fallait.

MADAME ALVING. — C'est que j'aimerais cent fois mieux être privée du bonheur de t'avoir chez moi, que de te voir...

OSWALD, *s'arrêtant devant la table.* — Mais... dis-moi, mère : est-ce vraiment un si grand bonheur pour toi que de m'avoir ici ?

MADAME ALVING. — Si c'est un bonheur !

OSWALD, *froissant un journal.* — Il me semble que cela devrait t'être plus ou moins indifférent que j'existe ou non.

MADAME ALVING. — Et tu as le cœur de dire cela à ta mère, Oswald ?

OSWALD. — Mais tu as si bien pu vivre sans moi jusqu'à présent.

MADAME ALVING. — Oui, j'ai vécu sans toi, c'est vrai...

(Un silence. Le jour baisse peu à peu. Oswald arpente la scène. Il a déposé son cigare.)

OSWALD, *s'arrêtant devant Mme Alving*. — Mère, puis-je m'asseoir sur le sofa près de toi ?

MADAME ALVING, *lui faisant de la place*. — Oui, viens, viens. mon cher garçon.

OSWALD, *s'asseyant*. — Maintenant, il faut que je te dise quelque chose, mère.

MADAME ALVING, *l'oreille tendue*. — Quoi ?

OSWALD, *regardant fixement devant lui*. — Je ne puis pas garder cela plus longtemps sur le cœur.

MADAME ALVING. — Garder quoi ? Qu'y a-t-il ?

OSWALD. *Même jeu*. — Je n'ai pas pu prendre sur moi de t'écrire à ce sujet ; et depuis mon retour...

MADAME ALVING, *lui saisissant le bras*. — Oswald ! Qu'est-ce donc ?

OSWALD. — Hier et aujourd'hui, j'ai essayé de me délivrer de mes pensées... de les secouer. Rien n'y fait.

MADAME ALVING, *se levant brusquement*. — Tu vas tout me dire, Oswald.

OSWALD, *la faisant se rasseoir*. — Reste là. J'essaierai. Je me suis plaint d'une fatigue causée par le voyage...

MADAME ALVING. — Oui, eh bien ?

OSWALD. — Eh bien, ce n'est pas cela, ou plutôt ce n'est pas une fatigue ordinaire...

MADAME ALVING, *cherchant de nouveau à se lever.* — Tu n'es pas malade, au moins, Oswald ?

OSWALD, *l'obligeant encore à rester assise.* — Reste là, mère. Ecoute-moi tranquillement. Ce n'est pas une maladie que j'ai, ce n'est pas ce qu'on appelle généralement une maladie. (*Croisant les mains sur sa tête.*) Mère ! je suis brisé d'esprit, je suis un homme fini... Jamais je ne pourrai plus travailler !

(La figure dans les mains, il se laisse tomber aux genoux de sa mère et éclate en sanglots.)

MADAME ALVING, *pâle et tremblante.* — Oswald ! Regarde-moi ! Non, non, tout cela n'est pas vrai.

OSWALD, *la regardant d'un œil désespéré.* — Ne plus jamais travailler ! Jamais... jamais ! Etre comme un mort vivant ! Mère, peux-tu te figurer cette horreur ?

MADAME ALVING. — Mon malheureux enfant ! Mais d'où vient-elle, cette horreur ? Comment cela t'a-t-il pris ?

OSWALD. — Ah ! c'est précisément cela dont je ne puis pas me rendre compte. Je n'ai jamais mené une vie orageuse, sous aucun rapport : tu peux me croire, ma mère. Je suis sincère.

MADAME ALVING. — Mais, Oswald, je n'en doute pas.

6

OSWALD. — Cela m'a pris quand même. Un si épouvantable malheur !

MADAME ALVING. — Oh ! tout se dissipera, mon cher enfant béni. Ce n'est qu'un excès de travail, crois-le bien.

OSWALD, *sourdement*. — C'est ce que je pensais aussi, au commencement, mais c'est autre chose.

MADAME ALVING. — Raconte-moi tout, d'un bout à l'autre.

OSWALD. — C'est mon intention.

MADAME ALVING. — Quand as-tu remarqué cela pour la première fois ?

OSWALD. — Dès mon arrivée à Paris, après mon dernier séjour ici. J'ai senti d'abord de très violentes douleurs à la tête, spécialement à l'occiput, me semblait-il, comme si j'avais eu le crâne dans un cercle de fer, de la nuque au sommet.

MADAME ALVING. — Ensuite ?

OSWALD. — Je crus que c'était le mal de tête dont j'avais tant souffert à l'époque de la croissance.

MADAME ALVING. — Oui, oui...

OSWALD. — Mais ce n'était pas cela. Je ne tardai pas à m'en convaincre. Il me fut impossible de travailler. Je voulus me mettre à un grand tableau ; mais ce fut comme si mes facultés me manquaient. Toute ma force était comme paralysée ; je ne pouvais pas me concentrer et arriver à des images fixes. Tout tournait autour de moi, comme si j'avais eu le vertige, ce fut là un terrible état ! A la fin, j'envoyai chercher le médecin, et, par lui, je sus tout.

MADAME ALVING. — Que veux-tu dire ?

OSWALD. — C'était un des grands médecins de là-bas. Il fallut lui décrire ce que j'éprouvais ; après quoi il se mit à me poser toute une série de questions qui me parurent n'avoir rien à faire avec mon état ; je ne concevais pas où il voulait en venir.

MADAME ALVING. — Continue.

OSWALD. — Il finit par me dire : Il y a en vous depuis votre naissance quelque chose de *vermoulu ;* c'est l'expression française dont il s'est servi.

MADAME ALVING, *écoutant avec une attention concentrée.* — Que voulait-il dire ?

OSWALD. — C'est précisément ce que je ne comprenais pas, en sorte que je le priai de s'expliquer plus clairement. Il dit alors, le vieux cynique... (*Fermant le poing.*) Oh !...

MADAME ALVING. — Il dit ?

OWSALD. — Il dit : Les péchés des pères retombent sur les enfants.

MADAME ALVING, *se levant lentement.* — Les péchés des pères... !

OSWALD. — J'avais envie de le frapper au visage.

MADAME ALVING, *traversant la scène.* — Les péchés des pères...

OSWALD, *avec un pénible sourire.* — Oui, que t'en semble? Naturellement je l'assurai qu'il ne pouvait être question de rien de semblable dans mon cas. Crois-tu qu'il se soit rétracté? Pas du tout, il maintint son dire; et ce n'est qu'après que j'eusse pris tes lettres, dont je lui traduisis les passages où il était question de père...

MADAME ALVING. — Alors...?

OSWALD. — Alors, il fut bien obligé de reconnaître qu'il avait fait fausse route. Et c'est ainsi que j'appris la vérité, l'incompréhensible vérité! Cette bienheureuse existence de jeunesse, cette joyeuse camaraderie... j'aurais dû m'en abstenir. J'avais dépassé mes forces. Par ma propre faute, alors!

MADAME ALVING. — Oswald! Mais non, ne crois pas cela!

OSWALD — Il n'y avait pas d'autre explication possible, a-t-il dit. C'est là le plus affreux de tout. Irréparablement perdu pour toute ma vie par ma propre étourderie. Tout ce que j'aurais pu faire en ce monde, — ne pas même oser y songer; ne pas pouvoir y songer! Oh! que ne puis-je revivre! — faire que tout cela ne soit pas arrivé!

Il se laisse tomber, le visage contre le sofa.

MADAME ALVING, *se tort les mains et arpente la scène dans une lutte muette avec elle-même.*

OSWALD, *après un instant, se soulevant à demi et*

restant accoudé. — Si encore c'était un héritage, une chose contre laquelle j'aurais été impuissant... mais comme cela ! Honteusement , légèrement, sottement, avoir dilapidé son propre bonheur, sa propre santé, tout au monde... son avenir, sa vie...!

MADAME ALVING. — Non, non, mon cher enfant béni ; c'est impossible ! (*Elle se penche sur lui.*) Ce n'est pas aussi désespéré que tu le crois.

OSWALD.— Ah ! tu ne sais pas... (*Il se lève en sursaut.*) Et tout ce chagrin, mère, ce chagrin que je te cause. Plus d'une fois j'aurais désiré qu'au fond tu te souciasses moins de moi, je l'ai presque espéré.

MADAME ALVING. — Moi, Oswald ! Mon unique enfant ! Ce que j'ai de plus précieux au monde, mon seul souci.

OSWALD, *saisissant les mains de sa mère et les couvrant de baisers* — Oui, oui, je le vois bien, quand je suis à la maison, je le vois bien, mère. Et c'est encore une des choses qui me pèsent le plus... Mais à présent, tu sais tout et nous n'en parlerons plus aujourd'hui. Je ne puis pas y penser longtemps d'un trait. (*Il remonte la scène.*) Fais-moi donner quelque chose à boire, mère.

MADAME ALVING. — A boire ? Que veux-tu boire, à cette heure ?

OSWALD. — Eh ! n'importe quoi. Tu as bien du punch froid à la maison.

MADAME ALVING. — Oui, mais, mon cher Oswald...

OSWALD. — Ne t'oppose pas à cela, mère. Sois gentille. Il me faut quelque chose pour noyer toutes les pensées qui me rongent. (*Il entre dans le jardin d'hiver.*) Et puis cette obscurité qui règne ici !

MADAME ALVING. *Elle tire un cordon de sonnette à droite.*

OSWALD. — Et cette pluie continuelle ! Une semaine après l'autre, et des mois entiers, cela peut durer sans interruption. Jamais un rayon de soleil ! Dans tous les séjours que j'ai faits à la maison, je ne m'en rappelle pas un où il y ait eu du soleil.

MADAME ALVING. — Oswald, tu penses à me quitter.

OSWALD. — Hm... (*Soupirant profondément.*) Je ne pense à rien. Je ne puis penser à rien. (*Baissant la voix.*) Je m'en garde bien.

RÉGINE, *venant de la salle à manger.* — Madame a sonné ?

MADAME ALVING. — Oui, apportez-nous la lampe.

RÉGINE. — Tout de suite, madame. Elle est allumée.

(Elle s'en va.)

MADAME ALVING, *s'approchant d'Oswald.* — Oswald, ne dissimule pas avec moi.

OSWALD. — Je ne te cache rien, mère. (*S'approchant de la table.*) Il me semble que je t'ai fait beaucoup d'aveux...

(Régine apporte la lampe et la pose sur la table.)

MADAME ALVING. — Ecoute, Régine : va nous chercher une demi-bouteille de champagne.

RÉGINE. — Oui, madame.

(Elle sort.)

OSWALD *prenant la tête de Mme Alving.* — Voilà
qui est bien. Je savais bien que ma petite mère
ne souffrirait pas que son garçon eût soif.

MADAME ALVING. — Mon pauvre cher Oswald !
Comment pourrais-je te refuser quelque chose à
présent ?

OSWALD, *vivement.* — Est-ce vrai, mère ? C'est
sérieux ?

MADAME ALVING. — Comment cela ? Quoi ?

OSWALD. — Que tu n'as rien à me refuser ?

MADAME ALVING. — Mais, mon cher Oswald...

OSWALD. — Chut !

RÉGINE, *apportant sur un plateau une demi-bouteille de champagne qu'elle pose sur la table.* —
Faut-il déboucher?

OSWALD. — Merci, je vais le faire moi-même.

(Régine sort.)

MADAME ALVING, *s'asseyant à la table.* — Qu'y a-
t-il donc que je ne devrais pas te refuser? A quoi
pensais-tu ?

OSWALD, *en train d'ouvrir la bouteille.* — D'abord
un verre... ou deux.

(Il fait sauter le bouchon, remplit un verre et veut en
remplir un second.)

MADAME ALVING, *lui retenant la main.* — Merci...
je n'en prendrai pas.

OSWALD. — Allons, ce sera donc pour moi.

(Il vide le verre, le remplit une seconde fois et le vide
de nouveau, après quoi il s'assied à la table.)

MADAME ALVING, *attendant qu'il parle* — Eh bien?

OSWALD, *sans la regarder.* — Ecoute. Vous me
paraissiez, toi et le pasteur Manders, bien singu-
liers... hm... bien silencieux, à table.

MADAME ALVING. — Tu l'as remarqué?

OSWALD. — Oui. Hm. (*Après un instant de silence.*)
Dis-moi... que penses-tu de Régine?

MADAME ALVING. — Ce que j'en pense?

OSWALD. — Oui. N'est-elle pas superbe?

MADAME ALVING. — Mon cher Oswald, tu ne la
connais pas comme moi.

OSWALD. — Cela veut dire?

MADAME ALVING. — Régine est malheureusement
restée trop longtemps chez elle; j'aurais dû la recueillir plus tôt.

OSWALD. — Oui, mais n'est-elle pas superbe à
voir, mère?

(Il remplit son verre.)

MADAME ALVING. — Régine a de nombreux et de
grands défauts...

OSWALD. — Eh bien, qu'est-ce que cela fait?

(Il boit encore.)

MADAME ALVING. — Mais je ne l'en affectionne pas

moins, et je suis responsable d'elle. Je ne voudrais à aucun prix qu'il lui arrivât quoi que ce fût.

OSWALD, *se levant d'un bond.* — Mère, Régine est mon unique salut !

MADAME ALVING. — Que veux-tu dire ?

OSWALD. — Je ne puis pas continuer à supporter ce tourment tout seul.

MADAME ALVING. — N'as-tu pas ta mère pour le supporter avec toi ?

OSWALD. — Oui, je le croyais ; et c'est pourquoi je suis rentré. Mais cela ne pourra pas aller ainsi, je le vois bien ; cela n'ira pas. Je ne pourrai pas passer ici toute mon existence.

MADAME ALVING. — Oswald !

OSWALD. — Je dois vivre autrement, mère. Voilà pourquoi il faut que je te quitte. Je ne veux pas que tu aies toujours ce spectacle sous les yeux.

MADAME ALVING. — Mon malheureux enfant ! Mais, aussi longtemps que tu seras malade, Oswald...

OSWALD. — Si ce n'était que la maladie, je resterais avec toi, mère, car tu es le meilleur ami que j'aie au monde.

MADAME ALVING. — Oui, n'est-ce pas, Oswald ? Dis !

OSWALD, *allant avec inquiétude de place en place.* — Mais ce sont tous ces tourments, tous ces reproches intérieurs... et puis cette grande, cette mortelle angoisse. Oh... cette affreuse angoisse !

MADAME ALVING, *marchant derrière lui.* — Angoisse? Quelle angoisse? Que veux-tu dire?

OSWALD. — Ah ! ne me questionne plus là-dessus. Je ne sais pas. Je ne puis pas te la décrire.

MADAME ALVING. *Elle passe à droite et tire le cordon de la sonnette.*

OSWALD. — Que veux-tu?

MADAME ALVING. — Je veux que mon fils soit gai. Voilà ! Il ne faut pas qu'il broie du noir. (*A Régine qui paraît à la porte.*) Encore du champagne ! Une bouteille entière, cette fois.

(Régine sort.)

OSWALD. — Mère !

MADAME ALVING. — Crois-tu que nous ne sachions pas vivre ici, nous autres ?

OSWALD. — N'est-elle pas superbe à voir ? Comme elle est bâtie ! Et saine jusqu'à la moelle des os.

MADAME ALVING, *s'asseyant à la table.* — Mets-toi là, Oswald, et causons tranquillement.

OSWALD, *s'asseyant.* — Tu ne sais pas, mère, que j'ai un tort à réparer envers Régine.

MADAME ALVING. — Toi ?

OSWALD. — Ou plutôt une petite imprudence, si tu aimes mieux, fort innocente d'ailleurs. La dernière fois que je suis venu ici...

MADAME ALVING. — Eh bien ?

OSWALD. — Elle m'a beaucoup questionné sur Paris, et je lui en ai raconté tant et plus. Et puis, un jour, je m'en souviens, il m'est arrivé de lui dire : « Vous n'auriez pas envie d'y venir vous-même ? »

MADAME ALVING. — Alors ?

OSWALD. — Elle devint toute rouge et me dit : « Oui, j'en aurais bien envie. — C'est bien, répondis-je, c'est bien, il y aura peut-être un moyen de vous satisfaire. »

MADAME ALVING. — Et puis ?

OSWALD. — Naturellement, j'avais tout oublié ; lorsque, avant-hier, je lui ai demandé si elle était contente du long séjour que j'allais faire ici...

MADAME ALVING. — Eh bien ?

OSWALD. — Elle m'a regardé d'une singulière façon, et m'a répondu : « Eh bien ! et mon voyage à Paris ? »

MADAME ALVING. — Son voyage ?

OSWALD. — J'appris alors qu'elle avait pris la chose au sérieux, qu'elle avait pensé à moi tout le temps et s'était mise à apprendre le français.

MADAME ALVING. — C'était donc cela...

OSWALD. — Mère ! Quand j'ai vu cette superbe fille devant moi, jolie, pleine de santé, — je ne l'avais jamais remarquée jusque-là — quand je la vis, je puis dire, les bras ouverts, prête à me recevoir...

MADAME ALVING. — Oswald !

OSWALD. — ... j'eus la révélation qu'en elle était

le salut. C'est la joie de vivre que je voyais devant moi.

MADAME ALVING, *frappée*. — La joie de vivre ...? Est-ce donc là le salut ?

RÉGINE, *apparaissant sur le seuil, une bouteille à la main*. Je vous demande pardon d'être restée si longtemps, mais j'ai dû descendre à la cave.

OSWALD. — Donnez-nous un nouveau verre.

RÉGINE, *le regardant avec étonnement*. — Voici le verre de madame, monsieur Alving.

OSWALD. — Oui, mais un verre pour toi, Régine.

RÉGINE. — *Elle tressaille et regarde timidement* Mme *Alving*.

OSWALD. — Eh bien ?

RÉGINE, *avec hésitation, baissant la voix*. — Madame y consent-elle ?

MADAME ALVING. — Va chercher le verre, Régine.
(Régine passe dans la salle à manger.)

OSWALD, *la suivant des yeux*. — As-tu remarqué sa démarche ? Si ferme et si hardie !

MADAME ALVING. — Cela ne se peut pas, Oswald !

OSWALD. — C'est décidé. Tu vois bien. Inutile de me contredire.

RÉGINE. *Elle rentre avec un verre qu'elle garde dans la main*.

OSWALD. — Assieds-toi, Régine.

RÉGINE. — *Elle interroge du regard* Mme *Alving*.

MADAME ALVING. — Assieds-toi.

RÉGINE. *Elle prend place sur une chaise, près de la porte de la salle à manger, et continue à tenir le verre vide.*

MADAME ALVING. — Oswald... que me disais-tu de la joie de vivre ?

OSWALD. — Oh, mère, la joie de vivre... ! Vous ne la connaissez guère dans le pays. Je ne la sens jamais ici.

MADAME ALVING. — Pas même quand tu es chez moi ?

OSWALD. — Pas quand je suis à la maison. Mais tu ne me comprends pas.

MADAME ALVING. — Mais si, je crois presque saisir ton idée... maintenant.

OSWALD. — La joie de vivre... et puis la joie de travailler. Hé ! c'est au fond la même chose. Mais cette joie vous est également inconnue.

MADAME ALVING. — Tu as peut-être raison. Parle-moi encore de cela, Oswald.

OSWALD. — Tiens, je pense tout simplement qu'on apprend ici à regarder le travail comme un fléau de Dieu, une punition de nos péchés, et la vie comme une chose misérable, dont nous ne pouvons jamais être délivrés assez tôt.

MADAME ALVING. — Une vallée de larmes, oui. Et vraiment nous nous appliquons consciencieusement à la rendre telle.

OSWALD. — Mais, là-bas, on ne veut rien savoir

de tout cela. Là-bas, ces sortes d'enseignements ne trouvent plus de croyants. Là-bas, on peut se sentir plein de joie et de félicité, rien que parce qu'on vit. Mère, as-tu remarqué que tout ce que j'ai peint tourne autour de la joie de vivre? La joie de vivre. partout et toujours. Là, tout est lumière, rayon de soleil, air de fête... et les figures humaines resplendissent de contentement. Voilà pourquoi j'ai peur de rester ici.

MADAME ALVING. — Peur? De quoi as-tu peur chez moi?

OSWALD. — J'ai peur que tout ce qui fermente en moi ne se transforme en mal ici.

MADAME ALVING, *le regardant fixement.* — Tu crois cela possible ?

OSWALD. — J'en suis absolument sûr. Je pourrais essayer de mener ici la même vie que là-bas : et ce ne serait pourtant pas la même chose.

MADAME ALVING, *qui a écouté avec une attention croissante, se levant et fixant sur lui un regard profond et pensif.* — Maintenant, je saisis tout !

OSWALD. — Quoi ?

MADAME ALVING. — C'est la première fois que je vois la vérité, et maintenant je puis parler.

OSWALD, *se levant.* — Mère, je ne te comprends pas.

RÉGINE, *qui s'est également levée.* — Peut-être dois-je sortir ?

MADAME ALVING. — Non, reste. Maintenant je puis parler. Maintenant, mon fils, tu vas tout savoir exactement ; et puis tu prendras une détermination. Oswald ! Régine !

OSWALD. — Silence. Le pasteur...

LE PASTEUR, *entrant par la porte du vestibule.* — Voilà ! Nous avons eu une de ces petites réunions qui font plaisir au cœur.

OSWALD. — Nous aussi.

LE PASTEUR. — Il faut venir en aide à Engstrand à propos de cet abri des marins. Il faut que Régine aille le rejoindre et lui prête son concours...

RÉGINE. Non, merci, monsieur le pasteur.

LE PASTEUR, *qui ne l'avait pas encore remarquée.* — Quoi... ? — Ici !... et un verre à la main !

RÉGINE, *s'empressant de poser son verre.* — Pardon !...

OSWALD. — Régine part avec moi, monsieur le pasteur.

LE PASTEUR. — Elle part ! Avec vous !

OSWALD. — Oui, en qualité d'épouse... si elle l'exige.

LE PASTEUR. — Mais, miséricorde... !

RÉGINE. — Je n'y puis rien, monsieur le pasteur.

OSWALD. — Ou bien, elle reste ici, si j'y reste.

RÉGINE, *involontairement.* — Ici !

LE PASTEUR. — Vous me stupéfiez, madame Alving.

MADAME ALVING. — Rien de tout cela n'arrivera ; car, maintenant, je puis tout dire.

LE PASTEUR. — Mais vous ne le voudriez pas ! Non, non, non !

MADAME ALVING. — Je le puis et je le veux. Et, rassurez-vous, il n'y aura pas d'idéal renversé.

OSWALD. — Mère, que me cache-t-on ici ?

RÉGINE, *écoutant*. — Madame ! Ecoutez ! Il y a du monde dehors. On crie.

(Elle passe dans le jardin d'hiver et regarde par la fenêtre.)

OSWALD, *à la fenêtre de gauche*. — Que se passe-t-il ? D'où vient cette lueur ?

RÉGINE, *poussant un cri*. — C'est l'asile qui brûle !

MADAME ALVING, *à la fenêtre*. — Qui brûle !

LE PASTEUR. — Qui brûle ? Impossible ; j'en viens.

OSWALD. — Où est mon chapeau ? Ah ! peu importe... L'asile de mon père...!

(Il sort en courant par la porte qui donne du côté de la mer.)

MADAME ALVING. — Mon châle, Régine ! Tout est en flammes !

LE PASTEUR. — C'est épouvantable ! Madame Alving, c'est le châtiment qui éclate sur ce lieu de perdition !

MADAME ALVING. — Oui, oui, certainement. Viens, Régine.

(Elle se précipite, suivie de Régine, par la porte du vestibule.)

LE PASTEUR, *joignant les mains*. — Et pas assuré !

(Il sort derrière elles.)

ACTE TROISIÈME

——

Même décor. Toutes les portes sont ouvertes. La lampe continue à brûler sur la table. Il fait nuit dehors; rien qu'une faible lueur au fond du paysage à gauche.

Madame ALVING, un grand châle sur la tête, regarde par une fenêtre du jardin d'hiver. RÉGINE, enveloppée dans un châle, se tient à une petite distance derrière elle.

MADAME ALVING. — Tout a brûlé. Tout est détruit.

RÉGINE. — Il y a encore du feu dans les fondations.

MADAME ALVING. — Et Oswald qui ne revient pas! Il n'y a pourtant rien à sauver.

RÉGINE. — Peut-être faut-il que je descende lui porter son chapeau?

MADAME ALVING. — Il n'a même pas de chapeau?

RÉGINE, *montrant du doigt le vestibule.* — Non, le voici à sa patère.

MADAME ALVING. — Laisse-le là. Il ne peut pas tarder à rentrer. Je vais voir moi-même.

(*Elle sort par la porte qui ouvre sur la mer.*)

LE PASTEUR, *entrant par la porte du vestibule.* — Madame Alving n'est pas là ?

RÉGINE. — Elle vient de descendre vers la grève.

LE PASTEUR. — C'est la plus terrible nuit que j'aie jamais passée.

RÉGINE. — Oui, n'est-ce pas un affreux malheur, monsieur le pasteur ?

LE PASTEUR. — Oh ! ne m'en parlez pas. C'est à peine si j'y puis penser.

RÉGINE. — Mais comment le feu a-t-il pris ?

LE PASTEUR. — Ne me demandez rien, demoiselle Engstrand ! Du reste, puis-je le savoir ? Vous voulez-donc aussi … ! N'est-ce pas assez que votre père... ?

RÉGINE. — Qu'a-t-il fait ?

LE PASTEUR. — Oh ! il me fera tourner la tête.

ENGSTRAND, *entrant par la porte du vestibule.* — Monsieur le pasteur... !

LE PASTEUR, *se retournant avec effroi.* — Comment ? Vous me poursuivez jusqu'ici !

ENGSTRAND. — Oui, que le Ciel me détruise... ! Ah, Seigneur Jésus ! Mais toutes vos lamentations ne servent à rien, monsieur le pasteur.

LE PASTEUR. — Qu'y a-t-il ?

ENGSTRAND. — Ah ! vois-tu, tout cela vient de

cette réunion pieuse. (*Bas.*) A nous la timbale, mon enfant ! (*Haut.*) Ainsi, c'est grâce à moi que monsieur le pasteur s'est rendu fautif...

LE PASTEUR. — Mais je vous assure, Engstrand...

ENGSTRAND. — Il n'y a que monsieur le pasteur qui se soit occupé des lumières.

LE PASTEUR, *s'arrêtant.* — Oui, vous le prétendez ; mais je ne me souviens pas d'avoir eu une lumière en main.

ENGSTRAND. — Et moi qui ai vu distinctement monsieur le pasteur moucher une chandelle avec les doigts et en jeter la mèche dans les sciures.

LE PASTEUR. — Vous avez vu cela ?

ENGSTRAND. — Parfaitement.

LE PASTEUR. — Je n'y comprends rien. D'autant que je n'ai jamais eu l'habitude de moucher les chandelles avec les doigts.

ENGSTRAND. — Il est vrai que ça avait l'air malpropre. Mais est-ce vraiment une habitude dangereuse, monsieur le pasteur ?

LE PASTEUR, *marchant inquiet.* — Oh, ne me questionnez donc pas !

ENGSTRAND, *le suivant.* — Et puis, monsieur le pasteur n'avait pas pris d'assurance ?

LE PASTEUR, *continuant à marcher.* — Non, non, non; vous le savez bien.

ENGSTRAND, *le suivant.* — Pas d'assurance ! Eh

venir comme cela mettre le feu... Jésus, Jésus,
quel malheur !

LE PASTEUR, *s'essuyant le front.* — Ah ! vous
pouvez bien le dire, Engstrand.

ENGSTRAND. — Et que pareille chose arrive à un
établissement de bienfaisance, qui devait rendre
service à la ville et aux faubourgs, comme on dit !
Les gazettes, je le crains, ne traiteront pas, comme
il convient, monsieur le pasteur.

LE PASTEUR. — Non, c'est justement à quoi je
pense. C'est peut-être là le plus douloureux...
Toutes ces attaques haineuses, toutes ces accusa-
tions... ! Ah ! c'est affreux d'y songer.

MADAME ALVING, *entrant par la porte donnant sur
la grève.* — On ne peut pas lui faire abandonner le
brasier.

LE PASTEUR. — Ah ! vous êtes là, madame.

MADAME ALVING. — Au moins, vous avez échappé
au discours d'inauguration, pasteur Manders.

LE PASTEUR. — Oh ! j'aurais si volontiers...

MADAME ALVING, *d'une voix sourde.* — Il valait
mieux qu'il en fût ainsi ; il ne serait advenu rien
de bon de cet asile.

LE PASTEUR. — Vous croyez ?

MADAME ALVING. — En doutez-vous ?

LE PASTEUR. — Ce n'en est pas moins un immense malheur.

MADAME ALVING. — Expliquons-nous en quelques

mots sur ce point, comme sur une question d'intérêts... Attendez-vous le pasteur, Engstrand ?

ENGSTRAND, *près de la porte du vestibule.* — Oui,
je l'attends.

MADAME ALVING. — Asseyez-vous alors.

ENGSTRAND. — Merci, je suis très bien debout.

MADAME ALVING, *au pasteur.* — Vous prendrez
probablement le bateau à vapeur ?

LE PASTEUR. — Oui, dans une heure.

MADAME ALVING. — En ce cas, ayez l'obligeance
d'emporter tous les papiers. Je ne veux plus entendre un mot de cette affaire. D'autres préoccupations m'accaparent à cette heure.

LE PASTEUR. — Madame Alving...

MADAME ALVING. — Plus tard je vous enverrai des
pleins pouvoirs pour terminer comme vous l'en-
tendrez.

LE PASTEUR. — Je m'en chargerai bien volontiers.
La disposition première du testament devient
malheureusement tout à fait inapplicable.

MADAME ALVING. — Cela va de soi.

LE PASTEUR. — Voici donc comment je compte
arranger l'affaire en attendant : l'enclos de Solvik appartiendra à la commune. La terre n'est
pas sans valeur. Elle pourra toujours servir à
quelque chose. Quant à la rente du capital qui
reste à la caisse d'épargne, je pourrai peut-être
convenablement l'employer pour le bien de la ville.

MADAME ALVING. — Il en sera comme vous le voudrez. Tout cela m'est aujourd'hui parfaitement indifférent.

ENGSTRAND. — Pensez à mon refuge pour les marins, monsieur le pasteur.

LE PASTEUR. — Oui, peut-être bien ; c'est une idée. Nous verrons. Il faudra réfléchir.

ENGSTRAND. — Non, diantre, pas de réflexion... (*Se reprenant.*) Ah, seigneur Jésus !...

LE PASTEUR, *avec un soupir.* — Et puis, je ne sais malheureusement pas jusqu'à quand j'aurai à m'occuper de ces affaires et si l'opinion publique ne me forcera pas à me retirer. Tout dépend du résultat de l'enquête.

MADAME ALVING. — Que dites-vous là ?

LE PASTEUR. — Et ce résultat, on ne saurait le prévoir d'avance.

ENGSTRAND, *s'approchant de lui.* — Pardon, on peut le prévoir. Regardez seulement Jacques Engstrand.

LE PASTEUR. — Oui, oui, mais...?

ENGSTRAND, *plus bas.* — Jacques Engstrand n'est pas homme à abandonner un généreux bienfaiteur à l'heure du péril, comme on dit.

LE PASTEUR. — Oui, mon cher, mais comment...?

ENGSTRAND. — Jacques Engstrand est comme l'ange du salut, pour ainsi dire, monsieur le pasteur !

LE PASTEUR. — Non, non, voilà ce que je ne pourrai pas accepter, bien certainement.

ENGSTRAND. — Et pourtant cela sera. J'en sais un, moi, qui, une fois déjà, a pris sur lui la faute d'autrui.

LE PASTEUR. — Jacques! (*Il lui serre la main.*) Vous êtes un homme rare. Allons! On fera le nécessaire pour votre asile, vous pouvez y compter.

ENGSTRAND. *Il veut remercier, mais sa voix est étouffée par l'émotion.*

LE PASTEUR, *mettant son sac de voyage en bandoulière.* — Et maintenant, en avant! Nous partons ensemble, nous deux.

ENGSTRAND, *bas à Régine, qui se tient près de la porte de la salle à manger.* — Viens avec moi, fillette; tu seras comme un coq en pâte.

RÉGINE, *hochant la tête.* — Merci !

(Elle passe dans le vestibule et tend au pasteur sa valise.)

LE PASTEUR. — Adieu, madame Alving! Et puisse l'esprit d'ordre et de régularité pénétrer bientôt dans cette demeure.

MADAME ALVING. — Adieu, Manders !

(Elle gagne le jardin d'hiver, en voyant Oswald entrer par la porte de dehors.)

ENGSTRAND, *secondé par Régine, aide le pasteur à mettre son pardessus.* — Adieu, mon enfant, et si quelque chose t'arrivait, tu sais où trouver Jacques Engstrand. (*Bas.*) Petite rue du Port, hm...! (*A Mme Alving et à Oswald.*) Et la maison des marins s'appellera l' « Asile du chambellan Alving »... voilà. Et, s'il m'est permis de diriger cette maison comme je l'entends, on peut être sûr qu'elle sera digne de feu monsieur le chambellan.

LE PASTEUR, *à la sortie.* — Hm...! Venez, mon cher Engstrand. Adieu, adieu!

(Engstrand et lui sortent par le vestibule.)

OSWALD, *s'approchant de la table.* — Qu'est-ce que cette maison dont il parlait ?

MADAME ALVING. — Une sorte d'asile qu'ils veulent créer lui, et le pasteur Manders.

OSWALD. — Cela va brûler comme ici.

MADAME ALVING. — D'où te vient cette idée ?

OSWALD. — Tout va brûler. Il ne restera rien pour rappeler la mémoire de mon père. Et moi aussi je brûle.

RÉGINE *le regarde, frappée.*

MADAME ALVING. — Oswald! Tu n'aurais pas dû rester si longtemps là-bas, mon pauvre garçon.

OSWALD, *s'asseyant à la table.* — Je crois que tu as raison.

MADAME ALVING. — Laisse-moi essuyer ton visage, Oswald; tu es tout mouillé.

(Elle l'essuie avec son mouchoir.)

OSWALD, *promenant devant lui un regard indiffé-rent.* — Merci, mère.

MADAME ALVING. — N'es-tu pas fatigué, Oswald ? Tu voudrais dormir peut-être ?

OSWALD, *avec angoisse.* — Non, non... je ne veux pas dormir ! Je ne dors jamais ; je fais semblant. (*D'une voix sourde.*) Cela viendra bien assez tôt.

MADAME ALVING, *le regardant avec inquiétude.* — Ah ! c'est donc vrai que tu es malade, mon enfant béni ?

RÉGINE, *l'oreille tendue.* — Monsieur Alving est malade ?

OSWALD, *avec impatience.* — Et puis, fermez toutes les portes ! Cette mortelle angoisse...

MADAME ALVING. — Ferme, Régine.

> (Régine ferme et se tient à la porte du vestibule.
> Mme Alving ôte son châle ; Régine en fait autant.)

MADAME ALVING, *approchant une chaise d'Oswald et s'asseyant auprès de lui.* — Tu vois : je vais me mettre à côté de toi.

OSWALD. — Oui, c'est ça ! Il ne faut pas que Régine quitte la chambre. Il faut que Régine se tienne toujours auprès de moi. Tu viendras à mon secours, Régine, n'est-ce pas ?

RÉGINE. — Je ne comprends pas...

MADAME ALVING. — A ton secours ?

OSWALD. — Oui... quand il le faudra.

MADAME ALVING. — Oswald, ta mère n'est-elle pas là pour voler à ton secours ?

OSWALD. — Toi ? (*Souriant.*) Non, mère ; ce secours-là, tu ne peux me l'offrir. (*Il sourit péniblement.*) Toi ! ah, ah ! (*Il la regarde gravement.*) Cependant c'était bien ton rôle ! (*Avec violence.*) Pourquoi ne me tutoies-tu pas, Régine ? Pourquoi ne m'appelles-tu pas Oswald.

RÉGINE, *bas.* — Je ne crois pas que cela plaise à madame.

MADAME ALVING. — Sous peu, tu en auras le droit. Maintenant, viens te mettre à côté de nous, toi aussi.

RÉGINE *s'assied en silence et avec quelque hésitation de l'autre côté de la table.*

MADAME ALVING. — A présent, pauvre enfant torturé, je veux enlever les poids qui pèsent sur ton esprit.

OSWALD. — Toi, mère ?

MADAME ALVING. — Oui : tout ce que tu appelles regrets, remords et repentir...

OSWALD. — Et tu crois que ton pouvoir ira jusque-là ?

MADAME ALVING. — Oui, Oswald, j'en suis sûre. Tout à l'heure, lorsque tu as parlé de la joie de vivre, tout s'est éclairé pour moi, et j'ai vu sous un nouveau jour ma vie entière.

OSWALD, *secouant la tête.* — Je ne comprends rien à tout cela.

MADAME ALVING. — Ah! si tu avais connu ton père alors qu'il était encore un tout jeune lieutenant. La joie de vivre! Il semblait la personnifier...

OSWALD. — Oui, je sais.

MADAME ALVING. — Il communiquait la gaieté, il répandait un air de fête autour de lui. Et puis cette force indomptable, cette plénitude de vie qu'il possédait!

OSWALD. — Eh bien!...

MADAME ALVING. — Et voilà que ce joyeux enfant, — car il était comme un enfant dans ce temps-là, — se trouve fixé dans une demi-grande ville qui n'avait aucune joie à lui offrir, mais des plaisirs seulement. Pas de but à atteindre : il n'avait qu'un emploi. Pas un travail où tout son esprit eût pu s'exercer : rien que des affaires. Pas un seul camarade capable de sentir ce que c'est que la joie de vivre : rien que des compagnons d'oisiveté et d'orgie.

OSWALD. — Mère!...

MADAME ALVING. — Il arriva ce qui devait arriver.

OSWALD. — Et que devait-il arriver ?

MADAME ALVING. — Tu le disais toi-même il y a un instant, en annonçant ce qu'il adviendrait de toi si tu restais à la maison.

OSWALD. — Veux-tu dire par là que mon père ?...

MADAME ALVING. — Ton pauvre père n'a jamais trouvé de dérivatif à cette joie de vivre qui débordait en lui. Moi non plus, je n'apportais pas de la sérénité à son foyer.

OSWALD. — Toi non plus ?

MADAME ALVING. — J'avais reçu quelques enseignements où il ne s'agissait que de devoirs et d'obligations, et longtemps j'ai vécu là-dessus. Toute l'existence se résumait en devoirs, — mes devoirs, ses devoirs, etc. — je crains d'avoir rendu la maison insupportable à ton pauvre père, Oswald.

OSWALD. — Pourquoi ne m'as-tu jamais parlé de cela dans tes lettres ?

MADAME ALVING. — Jamais, avant ce jour, je n'ai cru possible de tout t'avouer, à toi, son fils.

OSWALD. — Et aujourd'hui tu as compris ?...

MADAME ALVING, *lentement.* — Je n'ai vu qu'une chose : c'est que ton père était un homme fini avant ta naissance.

OSWALD, *d'une voix sourde.* — Ah !...

(Il se lève et s'approche de la fenêtre.)

MADAME ALVING. — Et puis j'ai réfléchi que Régine appartenait à cette maison... au même titre que mon propre fils.

OSWALD, *se retournant vivement.* — Régine !...

RÉGINE, *tressaillant et d'une voix contenue.* — Moi !...

MADAME ALVING. — Maintenant, vous savez tout l'un et l'autre.

OSWALD. — Régine !

RÉGINE, *se parlant à soi-même*. — Ainsi ma mère en était une...

MADAME ALVING. — Ta mère avait beaucoup de bonnes qualités, Régine.

RÉGINE. — Oui, mais c'en était une quand même. Oh ! je l'ai bien pensé quelquefois ; mais... Oui, madame, voilà ! Me permettez-vous de partir sur-le-champ ?

MADAME ALVING. — Vraiment. Régine, tu voudrais partir ?

RÉGINE. — Je le veux.

MADAME ALVING. — Tu es naturellement libre, mais...

OSWALD, *s'avançant vers Régine*. — Tu veux partir maintenant que tu es ici chez toi.

RÉGINE. — *Merci*, monsieur Alving... c'est vrai, à présent je puis dire Oswald ; mais ce n'est pas précisément de la façon que j'avais pensé.

MADAME ALVING. — Régine, je n'ai pas été franche avec toi.

RÉGINE. — Mais non, on aurait tort de le croire ! Si j'avais su qu'Oswald était malade... et qu'il ne pouvait rien y avoir de sérieux entre nous... Non, je ne puis pas rester ici à m'user au profit de gens malades.

OSWALD. — Quoi? pas même pour un homme qui te touche de si près?

RÉGINE. — Non, je ne le peux pas. Une fille pauvre, ça doit employer sa jeunesse... autrement; ça pourrait se trouver sans feu ni lieu quelque jour. Et moi aussi, madame, j'en possède, de la joie de vivre.

MADAME ALVING. — Hélas, oui! Mais ne va pas te perdre, Régine.

RÉGINE. — Bast! Si je me perds, c'est que c'est inévitable. Si Oswald ressemble à son père, je dois ressembler à ma mère, j'imagine... Puis-je demander à madame si le pasteur Manders est informé de ce qui me concerne?

MADAME ALVING, — Le pasteur Manders sait tout.

RÉGINE, *s'enveloppant de son châle.* — En ce cas, je dois me hâter pour prendre le bateau. C'est si facile de s'entendre avec le pasteur, et il me semble que j'ai tout autant de droit sur l'argent que lui... ce boiteux de menuisier.

MADAME ALVING. — Je ne demande pas mieux, Régine.

RÉGINE, *la regardant froidement.* — Madame aurait pu m'élever comme la fille d'un homme de condition; cela aurait été plus convenable. (*Avec un mouvement d'épaules.*) Ah bah!... Je m'en fiche! (*Regardant de côté, avec amertume, la bouteille fermée.*) Je pourrais, pardieu, boire du champagne avec des gens de condition, tout de même.

MADAME ALVING. — Si jamais tu as besoin d'un foyer, Régine, viens chez moi.

RÉGINE. — Non, je vous remercie, madame. Le pasteur Manders me prendra à sa charge. Et si cela devait mal finir, je sais une maison où je serai chez moi.

MADAME ALVING. — Où cela?

RÉGINE. — Dans l'asile du chambellan Alving.

MADAME ALVING. — Régine, je le vois bien, tu cours à ta perte...

RÉGINE. — Bah! Adieu.

(Elle salue et sort par la porte du vestibule.)

OSWALD, *regardant par la fenêtre.* — Elle est partie?

MADAME ALVING. — Oui.

OSWALD, *entre les dents.* — Tant pis!

MADAME ALVING, *derrière lui et lui mettant les mains sur les épaules.* — Oswald, mon cher garçon, cela t'a fortement remué?

OSWALD, *tournant la tête vers elle.* — Tout ce qui se rapporte à père, veux-tu dire?

MADAME ALVING. — Oui, à ton malheureux père. J'ai si peur que l'impression n'ait été trop forte pour toi.

OSWALD. — Qu'est-ce qui te le fait croire? Naturellement j'en ai été extrêmement surpris, mais, au fond, cela m'est égal.

MADAME ALVING, *retirant les mains*. — Egal ? Que ton père ait été si profondément malheureux ?

OSWALD. — Je puis éprouver de la compassion pour lui comme pour tout autre, mais...

MADAME ALVING. — Rien de plus ? Pour ton propre père !

OSWALD, *avec impatience*. — Mon père... mon père. Je n'ai jamais rien connu de mon père. Je n'ai pas de souvenir de lui, si ce n'est qu'une fois il m'a fait vomir !

MADAME ALVING. — C'est affreux, quand on y pense ! Un enfant ne doit-il pas de l'amour à son père, malgré tout ?

OSWALD. — Quand ce père n'a aucun titre à sa reconnaissance ? Quand l'enfant ne l'a jamais connu ? Et toi, si éclairée sur tout autre point, tu croirais vraiment à ce vieux préjugé ?

MADAME ALVING. — Il n'y aurait donc rien qu'un préjugé... !

OSWALD. — Oui, tu peux en convenir, mère.. C'est une de ces idées courantes que le monde admet sans contrôle et...

MADAME ALVING, *saisie*. — Des revenants !

OSWALD, *traversant la scène*. — Oui, tu peux les nommer ainsi ?

MADAME ALVING, *avec éclat*. — Oswald... ! Alors, moi non plus, tu ne m'aimes pas ?

OSWALD. — Toi, dans tous les cas, je te connais.

MADAME ALVING. — Tu me connais ; mais... est-ce là tout ?

OSWALD. — Et je sais combien tu m'aimes : il faut bien que je t'en sois reconnaissant. Et puis, tu peux m'être d'une si immense utilité, maintenant que je suis malade.

MADAME ALVING. — N'est-ce pas, Oswald ? Oh ! je suis prête à bénir ta maladie qui t'a ramené près de moi. Car, je le vois bien, je ne te possède pas ; il faut que je te conquière.

OSWALD, *avec impatience.* — Oui, oui, oui, tout cela, ce sont des façons de parler. Il faut te rappeler, mère, que je suis un homme malade. Je ne puis pas m'occuper d'autrui ; j'ai assez de penser à moi-même.

MADAME ALVING, *doucement.* — Je saurai être patiente.

OSWALD. — Et gaie, mère !

MADAME ALVING. — Oui, mon cher garçon, tu as raison. Ai-je réussi enfin à t'enlever tout ce qui te rongeait, remords et reproches ?

OSWALD. — Oui, tu as réussi. Mais, à présent, qui me débarrassera de l'angoisse ?

MADAME ALVING. — De l'angoisse ?

OSWALD, *traversant la scène.* — Régine l'aurait fait par une bonne parole.

MADAME ALVING. — Pourquoi parles-tu d'angoisse et de Régine ?

OSWALD. — Est-on bien avant dans la nuit, mère ?

MADAME ALVING. — Le jour va poindre. (*Elle regarde par une fenêtre du jardin d'hiver.*) Voici l'aube qui rougit les sommets. Et le temps sera beau, Oswald ! Dans un instant, tu pourrais voir le soleil.

OSWALD. — Je m'en réjouis. Il y a tant de choses qui peuvent me réjouir et m'inviter à vivre...

MADAME ALVING. — Je le crois bien !

OSWALD. — Même si je ne puis pas travailler...

MADAME ALVING. — Oh ! tu pourras bientôt te remettre au travail, mon cher garçon, puisque tu n'as plus ces pensées déprimantes qui te rongeaient et que tu ruminais sans cesse...

OSWALD. — C'est bien heureux que tu aies dissipé toutes ces imaginations. Et maintenant que j'ai pu franchir ce pas... (*s'asseyant sur le sofa*) nous allons causer, mère.

MADAME ALVING. — Oui, c'est ça.

(Elle approche un fauteuil du sofa et s'assied tout près de lui.)

OSWALD. — Et puis le soleil se lève, et puis tu sais tout, et puis voilà l'angoisse passée.

MADAME ALVING. — Je sais tout ? Que veux-tu dire ?

OSWALD, *sans l'écouter.* — Mère, n'as-tu pas dit ce soir qu'il n'y a rien au monde que tu ne fisses pour moi, si je t'en priais ?

MADAME ALVING. — Oui, c'est vrai.

OSWALD. — Et tu le dis encore, mère?

MADAME ALVING. — Tu peux y compter, mon cher, mon unique enfant. Est-ce que je vis pour autre chose que pour toi?

OSWALD. — Oui, oui. Alors, écoute-moi. Mère, tu as l'âme forte, je le sais. Eh bien, il faut que tu te tiennes bien tranquille et que tu m'écoutes sans m'interrompre...

MADAME ALVING. — Et qu'y a-t-il donc de si terrible?...

OSWALD. — Tu ne dois pas te récrier, entends-tu; tu me le promets? Nous allons rester là et causer très doucement; tu me le promets, mère?

MADAME ALVING. — Oui, oui, je te le promets. Parle seulement!

OSWALD. — Bien. Alors, il faut que tu saches que cette fatigue... et puis cet état où la pensée du travail m'est insupportable, tout cela n'est pas la maladie même.

MADAME ALVING. — Et cette maladie?...

OSWALD. — Cette maladie qui m'est échue en héritage, elle est... (*il pose le doigt sur son front et ajoute tout bas*) elle est là-dedans.

MADAME ALVING, *presque aphone.* — Oswald!... Non... non !

OSWALD. — Ne crie pas ! Je ne peux pas le sup-

porter. Oui, tu sais, elle est là qui guette. Elle
peut éclater à n'importe quel moment.

MADAME ALVING. — Ah, c'est épouvantable !...

OSWALD. — Tiens-toi donc tranquille. Voilà où
j'en suis...

MADAME ALVING, *bondissant*. — Tout cela est
faux, Oswald ! C'est impossible ! Cela ne peut pas
être !

OSWALD. — J'ai eu un accès là-bas. Il a vite
passé ; mais j'ai été suivi, affolé, poursuivi par
l'angoisse ; et je suis accouru ici près de toi, aussi
vite que j'ai pu.

MADAME ALVING. — C'est donc là l'angoisse !...

OSWALD. — Oui ; c'est une indicible horreur,
vois-tu. Ah, s'il ne s'agissait que d'une maladie
mortelle ordinaire ! Car je n'ai pas tellement peur
de mourir... et cependant j'aimerais vivre aussi
longtemps que possible.

MADAME ALVING. — Oui, oui, Oswald, et il en
sera ainsi !

OSWALD. — Mais il y a là quelque chose de si
horrible. Retourner pour ainsi dire à l'état de
petit enfant ; avoir besoin d'être nourri, avoir
besoin... Ah !... Il n'y a pas de paroles pour exprimer ce que je souffre !

MADAME ALVING. — L'enfant a sa mère pour le
soigner.

OSWALD, *bondissant de sa place*. — Non, jamais !

C'est justement cela que je ne veux pas! Je n'y tiens pas, à l'idée de rester dans cet état des années peut-être... de vieillir, de grisonner ainsi. Et jusque-là tu pourrais peut-être mourir et me laisser seul. (*Il prend place sur la chaise de M*{sup}*Alving*.) Car cela ne finit pas nécessairement par une mort immédiate, a dit le médecin. Il prétend que c'est le cerveau qui mollit... une sorte de mollesse dans le cerveau ou quelque chose d'approchant (*avec un pénible sourire*), il me semble que l'expression sonne harmonieusement. Je suis constamment porté à me représenter des draperies de velours de soie, nuance rouge cerise... quelque chose de délicat à caresser.

MADAME ALVING, *criant*. — Oswald!

OSWALD, *se levant d'un bond et traversant la scène*. — Et tu m'as enlevé Régine! Que n'est-elle ici! C'est elle qui serait accourue à mon secours.

MADAME ALVING, *s'approchant de lui*. — Que veux-tu dire, mon enfant chéri? Y a-t-il un secours que je ne sois pas prête à t'offrir?

OSWALD. — Quand j'eus repris les sens, après mon accès de là-bas, le médecin me dit que, si cela se renouvelait, — et cela se renouvellera — il n'y aurait plus d'espoir.

MADAME ALVING. — Et il a eu le cœur de te dire cela!

OSWALD. — Je l'y ai forcé. Je lui ai dit que j'avais

des dispositions à prendre... (*Avec un malin sou-rire.*) Et cela était vrai. (*Il tire une petite boîte de la poche intérieure de son veston.*) Mère, tu vois cela ?

MADAME ALVING. — Qu'est-ce que c'est ?

OSWALD. — Des poudres de morphine.

MADAME ALVING, *le regardant avec épouvante.* — Oswald... mon enfant ?

OSWALD. — J'ai réussi à recueillir douze paquets.

MADAME ALVING, *essayant de saisir la boîte.* — Donne-moi cette boîte, Oswald !

OSWALD. — Pas encore, mère.

(Il remet la boîte dans sa poche.)

MADAME ALVING. — Je ne survivrai pas à ce coup.

OSWALD. — On peut y survivre. Si j'avais Régine ici, je lui dirais ma résolution... et je réclamerais d'elle ce dernier secours. Elle, j'en suis sûr, ne me refuserait pas son aide.

MADAME ALVING. — Jamais !

OSWALD. — Si l'accès m'avait pris en sa présence et qu'elle m'eût vu étendu, plus faible qu'un petit enfant, impotent, misérable, sans espoir... sans salut possible...

MADAME ALVING. — Jamais Régine n'aurait con-senti...

OSWALD. — Régine n'aurait pas hésité longtemps. Régine avait le cœur si adorablement léger. Et elle se serait bien vite lassée de soigner un malade comme moi.

MADAME ALVING. — En ce cas, Dieu soit loué si Régine est partie.

OSWALD. — Oui, mère, aussi est-ce à toi maintenant de me secourir.

MADAME ALVING, *poussant un cri.* — Moi ?

OSWALD. — Et qui donc si ce n'est toi !

MADAME ALVING. — Moi, ta mère !

OSWALD. — Précisément.

MADAME ALVING. — Moi qui t'ai donné la vie !

OSWALD. — Je ne te l'ai pas demandée. Et quelle sorte de vie m'as-tu donnée ? Je n'en veux pas ! Reprends-la !

MADAME ALVING. — Au secours ! Au secours !
(Elle s'enfuit dans le vestibule.)

OSWALD, *courant après elle.* — Ne me quitte pas ! Où vas-tu ?

MADAME ALVING, *dans le vestibule.* — Chercher le médecin, Oswald. Laisse-moi sortir !

OSWALD, *la rejoignant.* — Tu ne sortiras pas et personne n'entrera ici.
(Il tourne la clef.)

MADAME ALVING, *rentrant.* — Oswald, Oswald... mon enfant !

OSWALD, *la suivant.* — Est-ce un cœur de mère que tu as... toi qui peux me voir souffrir cette angoisse sans nom ?

MADAME ALVING, *après un instant de silence, d'une voix contenue.* — Voici ma main.

OSWALD. — Tu veux bien ?...

MADAME ALVING. — Si cela devient nécessaire. Mais non, cela n'arrivera pas. C'est à jamais, à jamais impossible !

OSWALD. — Espérons-le. Et vivons ensemble tant que nous pourrons. Merci, mère.

> (Il s'assied dans le fauteuil que Mme Alving a rapproché du sofa. Le jour paraît ; la lampe continue à brûler sur la table.)

MADAME ALVING, *s'approchant doucement.* — Te sens-tu calme maintenant ?

OSWALD. — Oui,

MADAME ALVING, *penchée sur lui.* — Ce n'était qu'un terrible jeu de ton imagination, rien que de l'imagination. Toutes ces secousses t'ont ébranlé. Maintenant il faut que tu te reposes, ici, chez ta mère, ô mon enfant chéri ! Tout ce que tu désireras, tu l'auras comme au temps où tu étais tout petit... Tu vois : l'accès est fini. Ah ! je le savais bien... Et tu vois, Oswald, la belle journée que nous avons toute brillante de soleil. Tu vas pouvoir te reconnaître ici, chez toi.

> (Elle s'approche de la table et éteint la lampe. Le soleil se lève. Au fond du paysage, les montagnes et la plaine resplendissent des rayons du matin.)

OSWALD. *Immobile dans son fauteuil, il tourne le dos au fond de la scène ; soudain, il prononce ces paroles.* — Mère, donne-moi le soleil.

8.

MADAME ALVING, *près de la table, le regardant, effrayée.* — Que dis-tu ?

OSWALD, *répétant d'une voix sourde et atone.* — Le soleil... le soleil !...

MADAME ALVING, *s'approchant de lui.* — Oswald, qu'as-tu ?

OSWALD *semble s'affaisser dans le fauteuil ; tous ses muscles se détendent ; le visage est sans expression ; les yeux regardent, éteints, devant eux.*

MADAME ALVING, *tremblante de frayeur.* — Qu'est-ce que c'est que cela ? (*Criant.*) Oswald, qu'as-tu ? (*Elle se jette à genoux devant lui et le secoue.*) Oswald ! Oswald ! Regarde-moi ! Ne me reconnais-tu pas ?

OSWALD, *avec la même voix atone.* — Le soleil !... le soleil !!...

MADAME ALVING, *se levant d'un bond, désespérée, les deux mains dans la chevelure, et criant.* — Je n'y tiens pas ! (*A voix basse, toute raidie.*) Je n'y tiens pas !... Jamais ! (*Subitement.*) Mais où sont-elles ? (*Elle cherche rapidement dans la poche d'Oswald.*) Là ! (*Elle recule de quelques pas et s'écrie.*) Non, non, non !... Oui !... Non, non !

(*Les mains crispées dans sa chevelure, elle se tient à quelques pas de son fils et le fixe avec une muette épouvante.*)

OSWALD, *toujours immobile dans son fauteuil.* — Le soleil.... le soleil...

MAISON DE POUPÉE

DRAME EN TROIS ACTES

NOTICE

SUR MAISON DE POUPÉE

Tout l'intérêt, toute l'action de cette pièce est concentrée dans le personnage de Nora. Aussi est-ce sous le nom de *Nora* qu'elle a été représentée en Allemagne. J'ai cru devoir conserver au drame son titre norvégien, n'ayant pas réussi à comprendre pourquoi le traducteur allemand le lui avait enlevé. Là, ne se sont pas arrêtés d'ailleurs les changements qu'il a cru devoir opérer. Non seulement des noms norvégiens ont été remplacés par d'autres, à consonnances germaniques : le texte même a été modifié en plusieurs endroits. Mais toutes ces *germanisations* ne sont rien à côté de celle qui a atteint le sens même de l'œuvre, son allure, sa physionomie, sa portée. Je parle du dénouement, *corrigé* à l'usage des scènes allemandes, pour satisfaire au sentiment d'un public prêt à tout admettre, sauf qu'une mère abandonne ses enfants et semble être justifiée par l'auteur. L'actrice chargée du rôle de Nora avait, paraît-il, refusé de le jouer avant qu'Ibsen, qui faisait très grand cas de son talent et ne voulait pas renoncer au concours d'une telle interprète, eût consenti à ce que son héroïne, prise d'attendrissement à la dernière minute, tombât à genoux devant la porte derrière laquelle reposent ses enfants — et renonçàt à déserter le foyer conjugal. On parle d'une adaptation de *Faust*, où le docteur épousait Marguerite au dernier acte : elle ne me paraît pas plus étonnante que celle à laquelle le philosophe norvégien a dû se plier pour ouvrir la première brèche par laquelle il a pénétré sur les scènes étrangères. *Paris vaut bien une messe!* Demandera-t-il celle-là pour que *Maison de poupée* soit admis par un de ses théâtres ? J'espère que non.

On a objecté, non sans quelque apparence de justesse, à ceux qui trouvent singulièrement brusque le changement à vue qui s'opère en Nora durant sa dernière scène avec son mari, que l'auteur, après avoir donné autant de réalité que possible à ses personnages pendant toute la durée de l'action, leur enlève ce manteau au dénouement, alors qu'il s'agit de tirer de la pièce tout l'enseignement moral qu'elle comporte, et les présente franchement pour ce qu'ils sont, pour ce que sont toutes les figures des drames d'Ibsen : des symboles. On a ajouté que le public ayant invariablement consenti à suivre le poète dans cette volte-face et à reporter son intérêt de la donnée dramatique à la donnée philosophique, la méthode avait démontré sa valeur.

Quel que soit le jugement qu'on puisse porter sur le procédé peut-être gratuitement attribué à Ibsen, cette justification n'a pas autant de raison d'être en Scandinavie qu'en Allemagne. C'est que, pour un public scandinave, l'invraisemblance est moins grande. Il faut connaître les doubles et les triples fonds qui existent dans l'âme de la femme scandinave et ménagent à qui l'observe les surprises les plus inattendues.

Faire comprendre la formation de sa singulière nature exigerait toute une dissertation historique, ethnographique, philosophique, que sais-je? Je laisse ce soin à quelque casuiste de bonne volonté et me bornerai à relever le mélange tout spécial de curiosité aiguë et passionnée et de grande et instinctive réserve, allant jusqu'à la timidité qui caractérisent ces êtres à part. A cette curiosité s'ajoute un don remarquable d'assimilation en ce qui concerne les idées nouvelles et une tendance naturelle à les *essayer* en quelque sorte, comme un mantelet de façon inédite qu'on n'achète pas généralement, étant raisonnable et économe, mais dont on n'est pas fâché de voir l'effet sur sa personne. Cet essai s'accomplit dans le mystère d'une conscience faite à la solitude, à tel point que la confidence même est rarement un besoin pour elle. Aussi ces impressions sont-elles à la fois fortes et fugitives. Elles se succèdent, se remplacent, s'enchevêtrent comme les lignes d'une construction gothique et donnent naissance à une vie intérieure dont les troubles et l'inquiétude ont leur charme secret et procurent à la femme de Scandinavie des jouissances dont on ne se doute guère à voir la sérénité de son visage, la simplicité avenante de son maintien, la gracieuse aisance de ses allures. Et pourtant ce n'est pas là un masque. Dans ces natures fraîches et saines, les instincts natifs s'aiguisent, les facultés se développent sans que rien vienne déranger leur harmonie et, dans l'être mûr, l'enfant ne meurt jamais, l'enfant avec sa gaieté, son sens naïf et droit et sa curiosité de la vie.

Que des caractères de cette espèce soient capables d'explosions imprévues, qu'on puisse s'attendre de leur part à quelque soudaine révélation, si une secousse violente est imprimée à un organisme déjà tendu par un concours de circonstances extérieures, s'il se produit, en un mot, ce qu'on appelle une *situation dramatique*, — c'est ce qu'on comprendra sans peine. Prétendre que, dans *Maison de poupée*, ce moment est insuffisamment préparé est inexact. Dès le début de la pièce, au contraire, on voit s'amonceler l'orage et on sent l'effet qu'il produit sur l'être de Nora que sa mobilité native n'a pas empêché de persévérer durant des années dans une tâche opiniâtre. Elle travaille à se libérer d'un joug sous lequel l'a courbée un acte inconsciemment coupable, aussi généreux qu'irréfléchi. Et, au cours même de l'action, des idées de mort, de suicide, ne traversent-ils pas par instants, comme des éclairs soudains, cette âme en apparence insouciante ? Au dernier moment, l'épisode de Rank vient encore lui imprimer une forte vibration et hâte ce moment de lucidité qui accompagne les états de tension extrême. Qu'on pense aussi à ce prodige qu'elle attend sans cesse : il ne s'accomplit pas au moment donné et soudain le voile tombe de ses regards désenchantés ; elle voit la réalité et ne meurt pas comme d'autres. Au contraire, elle veut vivre, *vivre et comprendre ;* et tout est sacrifié à ce droit primordial, à ce devoir envers elle-même. C'est là, toute la pensée de l'auteur. Elle se relie à ses théories générales. Mais il n'est pas vrai, je le répète, que pour la mettre en action, Ibsen fasse bon marché de la vérité. C'est même un réel trait de génie que d'avoir fait Nora telle qu'elle est. Une nature instable et enfantine comme la sienne est plus propre qu'une autre à recevoir le *coup de foudre*. Les âpres vérités qui jaillissent de sa bouche peuvent être assimilées à un cri d'amour (ou de foi, comme dans *Polyeucte*) venant éclairer tout d'un coup l'état d'une âme qu'on ne connaissait pas et qui ne se connaissait pas elle-même. Un mouvement qui n'étonnerait pas, dans un autre milieu, venant d'un entraînement amoureux ne doit pas étonner dans celui où l'action se déroule, produit par un mouvement de révolte.

Le fait est que la discussion, dans le public scandinave, ne s'est pas portée sur ce point. Ce qui a choqué plus d'un, c'est la portée morale de l'œuvre et non son fondement psychique et l'action dramatique qui en découle. Au sujet des théories matrimoniales d'Ibsen, les divergences d'opinion se sont manifestées avec tant d'éclat, les discussions se sont multipliées et passionnées à tel point et la préoccupation est devenue si générale et si encombrante que je me souviens d'une saison où l'on voyait circuler à Stockholm des cartes d'invitation avec cette note au bas : « On est prié de ne pas s'entretenir de *Maison de poupée*. »

La satire aussi n'a pas été épargnée à la pièce. Il faut avouer qu'elle avait beau jeu avec ce thème de de *La femme incomprise* dont on a si singulièrement abusé, et cela pas seulement en littérature. Un mordant écrivain suédois, M. Auguste Strindberg, a spécialement pris à partie les trop fréquentes applications de l'idée d'Ibsen dans la vie réelle. Un de ses contes (il a été publié en traduction française) nous représente un brave officier de marine, qui a laissé tendre et aimante une jeune femme qu'il adorait et qu'il brûle de revoir après une longue navigation. A sa grande stupeur, il est reçu avec une incompréhensible froideur et, dans un langage qu'il comprend encore moins, sa femme lui déclare que leur mariage, dont ils ont trois enfants, n'en est pas un. Raisonner n'est pas le fort de l'excellent officier. Ne sachant où donner de la tête, il a l'idée de consulter sa belle-mère et celle-ci lui donne un conseil de femme qui connaît la femme et lui insinue un stratagème qui lui convient fort et réussit à merveille. « Nous ne sommes pas mariés, fort bien, dit-il à l'aimable imitatrice de Nora. Tu veux abandonner le foyer conjugal ; tu es libre. Mais nous n'en sommes pas moins amis ; or, j'ai grand'faim et, puisque je ne trouve pas chez moi le dîner auquel je m'attendais, allons dîner au restaurant. Je t'invite. » La femme accepte, embarrassée, mais voulant soutenir son nouveau personnage. Le dîner est bon. L'appétit vient en mangeant, stimulé par le champagne, fort en honneur en Scandinavie. Enfin, au dessert, le marin prouve à sa femme, par des raisons suffisantes, qu'un mariage est moins facile à défaire qu'un nœud de ruban.

Cette facétie, qui a l'aimable allure d'un conte de Voltaire (on voit que l'optimisme y emploie les mêmes arguments que dans *Candide*), a dû dérider Ibsen. Elle est d'ailleurs de la plume d'un de ses plus fervents admirateurs. Je doute que d'autres adhérents lui aient fait le même plaisir en se livrant à des imitations plus ou moins réussies, où on voit les femmes produire sur tous les tons les revendications les plus étranges en faisant invariablement entrevoir à leurs maris la perspective alarmante d'une grève.

Mais ni les critiques sérieuses, ni les plaisanteries, ni même les pastiches n'ont pu lasser la persévérance de cet apôtre sincère de l'affranchissement individuel, qui a choisi le théâtre comme un moyen de propagande approprié à ses goûts et à son talent. Quoi qu'on puisse penser de sa doctrine, on ne niera point qu'une œuvre comme *Maison de poupée* représente une idée profondément conçue, exposée avec force, dramatisée avec un art incontestable. C'est à ce dernier point de vue surtout qu'il serait extrêmement désirable que cette pièce fût montée à Paris, où elle n'a certes pas moins de chance que les *Revenants* d'être bien comprise et heureusement exécutée.

M. PROZOR.

MAISON DE POUPÉE

DRAME EN TROIS ACTES

PERSONNAGES

Helmer, avocat.

Nora, sa femme.

Le docteur Rank.

Madame Linde.

Krogstad, avocat.

Les trois petits enfants de Helmer.

Anne-Marie, bonne d'enfants chez les Helmer.

Hélène, bonne chez les Helmer.

Un commissionnaire.

L'action se passe chez Helmer.

ACTE PREMIER

Une chambre meublée avec confort et bon goût, mais sans luxe. Dans le fond à droite la porte de l'antichambre. Dans le fond à gauche celle du cabinet de travail de Helmer. Entre ces deux portes un piano. Du côté gauche de la scène une porte et plus en avant une fenêtre. Près de la fenêtre une table ronde, un fauteuil et un petit canapé. Du côté droit de la scène, un peu en arrière, une porte, et sur le premier plan une cheminée, devant laquelle sont placés quelques fauteuils et une chaise à bascule. Entre la cheminée et la porte une petite table. Des gravures sur les murs. Une étagère garnie de porcelaines et autres objets d'art. Une petite armoire remplie de livres richement reliés. Le plancher est couvert d'un tapis. Feu dans la cheminée. Journée d'hiver.

(On entend le bruit d'une sonnette dans l'antichambre ; un instant après la porte s'ouvre. Nora fait son entrée en fredonnant gaiement. Elle est en chapeau et en manteau et porte plusieurs paquets qu'elle dépose sur la table à droite. Elle laisse ouverte la porte de l'antichambre, où l'on voit un commissionnaire, qui porte un arbre de Noël et un panier. Il les remet à la bonne qui a ouvert la porte.)

NORA. — Cache bien l'arbre de Noël, Hélène. Il ne faut pas que les enfants le voient avant ce soir quand il sera garni. (*Au commissionnaire, en sortant son porte-monnaie.*) Combien ?

LE COMMISSIONNAIRE. — Cinquante centimes.

NORA. — Voici une couronne. C'est bien, le reste est pour vous.

> (Le commissionnaire salue et sort. Nora ferme la porte. Elle continue à sourire gaiement en ôtant son chapeau et son manteau.)

NORA. *Elle sort de sa poche un cornet de pralines, en mange deux ou trois, puis s'avance sur la pointe des pieds et écoute à la porte de la chambre de son mari.*) — Ah ! il est chez lui.

HELMER *de sa chambre.* — C'est l'alouette qui gazouille ?

NORA. — Oui !

HELMER. — C'est l'écureuil qui remue ?

NORA. — Oui !

HELMER. — Quand l'écureuil est-il rentré ?

NORA. — A l'instant. (*Elle remet le sac de bonbons dans sa poche et s'essuie la bouche.*) Viens ici, Forvald, voir ce que j'ai acheté.

HELMER. — Ne me dérange pas. (*Peu après il ouvre la porte et, la plume à la main, jette un coup d'œil dans la chambre.*) Acheté, tu dis? Tout cela ? Le petit étourneau a-t-il de nouveau trouvé moyen de dépenser un tas d'argent?

NORA. — Mais oui, Forvald, cette année nous pouvons bien faire un peu plus de dépenses. C'est le premier Noël où nous ne soyons pas forcés d'économiser.

HELMER. — Oui... mais nous ne devons pas être prodigues.

NORA. — Si, Forvald, un peu, un tout petit peu, n'est-ce pas? Maintenant que tu toucheras un gros traitement et que tu gagneras beaucoup, beaucoup d'argent.

HELMER. — Oui, à partir de la nouvelle année; encore s'écoulera-t-il un trimestre avant que je touche quoi que ce soit.

NORA. — Qu'est-ce que cela fait? En attendant nous pouvons emprunter.

HELMER. — Nora! (*Il s'approche d'elle et lui tire l'oreille en badinant.*) Toujours cette légèreté. Admets que j'emprunte aujourd'hui mille couronnes, que tu les dépenses pendant les fêtes de Noël, que la veille du nouvel an il me tombe une tuile sur la tête et que...

NORA, *lui mettant la main sur la bouche.* — Taistoi ; ne parle pas ainsi.

HELMER. — Admets pourtant que cela arrive... alors ?

NORA. — Si pareille chose arrivait... cela me serait vraiment bien égal d'avoir des dettes ou non.

HELMER. — Et les gens qui m'auraient prêté l'argent ?

9.

NORA. — Ces gens-là? Qui est-ce qui pense à eux. Ce sont des étrangers.

HELMER. — Nora, Nora, tu es une vraie femme..... Sérieusement. Nora, tu connais mes idées à ce sujet. Pas de dettes; jamais d'emprunt. Il s'introduit une sorte d'esclavage, quelque chose de laid dans toute maison fondée sur des dettes et des emprunts. Nous avons tous les deux tenu bon jusqu'à présent et nous continuerons à le faire durant le peu de temps d'épreuves qui nous reste.

NORA, *se rapprochant de la cheminée.* — C'est bien; comme tu voudras, Forvald.

HELMER, *la suivant.* — Allons, allons, l'alouette ne doit pas traîner l'aile. Quoi? Ne voilà-t-il pas le petit écureuil qui boude. (*Il ouvre son porte-monnaie.*) Nora, que crois-tu que j'aie là dedans?

NORA, *se retournant vivement.* — De l'argent.

HELMER. — Tiens. (*Il lui tend quelques billets.*) Mon Dieu! je comprends qu'il y ait beaucoup de dépenses dans un ménage aux environs de Noël.

NORA, *comptant.* — Dix, vingt, trente, quarante. Merci, Forvald. J'irai loin avec cela.

HELMER. — Hé! il le faudra bien.

NORA. — Je n'y manquerai pas, tu peux y compter. Mais viens ici. Je vais te montrer tout ce que j'ai acheté, et si bon marché! Tiens, voici de nouveaux habits pour Yvar et un sabre. Voici un cheval avec une trompette pour Bob et une poupée

avec un lit pour Emmy. Tout ce qu'il y a de plus
ordinaire; elle les abîme si vite. Et voici des tabliers
et des étoffes pour les bonnes. La vieille Anne-
Marie devrait avoir bien plus que cela.

HELMER. — Et ce paquet-là, que contient-il ?

NORA, *poussant un petit cri.* — Non, Forvald, tu
ne verras cela que ce soir.

HELMER. — Bien, bien. Mais dis-moi, petite gaspilleuse, qu'est-ce qui te plairait à toi-même ?

NORA. — Bah! Est-ce que je me soucie de quelque chose, moi?

HELMER. — Je le croirais volontiers. Dis-moi quelque chose de raisonnable qui te tente.

NORA. — Eh bien! je ne sais vraiment pas. Ou
plutôt, écoute, Forvald...

HELMER. — Voyons.

NORA, *jouant avec les boutons de son veston sans le
regarder.* — Si tu voulais me donner quelque chose
tu pourrais... tu pourrais...

HELMER. — Voyons.

NORA, *d'un trait.* — Tu pourrais me donner de
l'argent, Forvald. Oh! rien qu'une petite somme,
ce dont tu peux disposer; un de ces jours je m'a-
chèterais quelque chose avec cela.

HELMER. — Mais, Nora...

NORA. — Oh que oui! tu feras cela, cher Forvald. Je t'en supplie. Je suspendrai l'argent à l'ar-

bre dans une belle enveloppe de papier doré. Ne sera-ce pas drôle?

HELMER. — Comment s'appelle l'oiseau qui gaspille sans cesse?

NORA. — Oui, oui, un étourneau, je sais bien. Mais fais comme je te le dis, Forvald; cela me donnera le temps de réfléchir à quelque chose d'utile. N'est-ce pas raisonnable, dis?

HELMER, *souriant.* — Oui, si tu savais employer l'argent que je te donne, et vraiment acheter quelque chose, mais il disparaît dans le ménage et passe à mille riens; après quoi, je dois encore débourser.

NORA. — Vraiment, Forvald...

HELMER. — C'est positif, ma chère petite Nora. (*Il lui entoure la taille.*) L'étourneau est gentil, mais, il lui faut tant d'argent. C'est incroyable ce qu'il en coûte à un homme de posséder un étourneau !

NORA. — Fi! comment peux-tu dire cela? J'épargne vraiment autant que je peux.

HELMER. — Oh! pour cela oui. Autant que tu peux, mais tu ne peux pas du tout.

NORA, *fredonnant et souriant gaiement.* — Si tu savais seulement, Forvald, combien nous autres, alouettes et écureuils, nous avons de dépenses !

HELMER. — Tu es une singulière petite personne. Absolument comme ton père. Tu as mille ressources pour te procurer de l'argent, mais, aussitôt que tu l'as, il te coule entre les doigts ; tu ne sais jamais ce qu'il devient. Enfin, il faut te prendre comme tu es. C'est dans le sang. Oui, Nora, ces choses-là sont certainement héréditaires.

NORA. — Je voudrais avoir hérité de bien des qualités de papa.

HELMER. — Et moi je te veux absolument telle que tu es, mon alouette chérie. Mais écoute ; une idée me vient : tu as aujourd'hui un air, comment dire ?... un air un peu louche...

NORA. — Moi ?

HELMER. — Oui, toi. Regarde-moi bien dans les yeux.

NORA, *le regardant.*

HELMER. — La petite gourmande n'aurait-elle pas fait quelque escapade en ville ?

NORA. — Non, pourquoi dis-tu cela ?

HELMER. — La petite gourmande n'a vraiment pas mis le nez dans la confiserie ?

NORA. — Non, je t'assure, Forvald.

HELMER. — Pas un soupçon de confitures ?

NORA. — Pas du tout.

HELMER. — Pas grignoté une ou deux pralines ?

NORA. — Non, Forvald, je t'assure que non.

HELMER. — Allons, allons, je plaisante.

NORA, *s'approchant de la table à droite.* — L'idée

ne me viendrait pas de faire quelque chose qui te déplût. Tu peux en être bien sûr.

HELMER. — Non, je le sais bien. Ne m'as-tu pas donné ta parole?... (*Il se rapproche de Nora.*) Allons, garde tes petits mystères de Noël pour toi, ma Nora chérie, ils seront démasqués ce soir quand on aura allumé l'arbre.

NORA. — As-tu songé à inviter le docteur Rank à dîner?

HELMER. — Non, mais c'est inutile; cela va de soi. D'ailleurs je l'inviterai tout à l'heure quand il viendra. J'ai commandé du bon vin. Nora, tu ne peux pas t'imaginer quelle fête je me fais de cette soirée.

NORA. — Moi aussi. Et ce que les enfants auront de joie, Forvald!

HELMER. — Ah! ça fait du bien de penser qu'on est arrivé à une situation stable, assurée, qu'on est largement pourvu. N'est-il pas vrai? C'est un grand bonheur que d'y songer.

NORA. — Oh! c'est merveilleux.

HELMER. — Tu te rappelles Noël dernier? Trois semaines d'avance, tu t'enfermais tous les soirs jusqu'à minuit bien passé pour confectionner des fleurs pour l'arbre de Noël et nous faire mille autres surprises... Ouf! c'est l'époque la plus ennuyeuse dont je me souvienne.

NORA. — Je ne m'ennuyais pas du tout, moi.

HELMER, *souriant*. — Mais le résultat a été assez piteux, Nora.

NORA. — Bon ! tu vas me taquiner encore à ce sujet ? Est-ce ma faute si le chat est entré et a tout mis en pièces ?

HELMER. — Mais non, ma petite Nora, ce n'est certes pas ta faute. Tu avais la meilleure volonté de nous faire plaisir à tous, c'est l'essentiel. Pourtant c'est bien bon que ces temps difficiles soient passés.

NORA. — Oui ; je n'en reviens pas encore.

HELMER. — Maintenant je ne m'ennuyerai plus tout seul, et toi, tu n'auras plus besoin de tourmenter tes chers yeux et tes jolies menottes.

NORA, *battant des mains*. — Non, n'est-il pas vrai, Forvald ? Dieu, quel bonheur ! (*Elle passe son bras sous celui de son mari.*) Maintenant je vais te raconter comment j'ai pensé à nous arranger, Noël une fois passé... (*On sonne.*) On sonne. (*Elle range les fauteuils du salon.*) Quelqu'un vient. Quel ennui.

HELMER. — Si c'est une visite, souviens-toi que je n'y suis pour personne.

LA BONNE, *à la porte d'entrée*. — Madame, une dame vous demande...

NORA. — Faites entrer.

LA BONNE, *à Helmer*. — Le docteur est entré en même temps.

HELMER. — Il a passé dans mon cabinet ?

LA BONNE. — Oui, monsieur.

(Helmer entre dans sa chambre. La bonne fait entrer madame Linde qui est en costume de voyage, puis elle ferme la porte.)

MADAME LINDE, *timidement, avec quelque hésitation.* — Bonjour, Nora.

NORA, *indécise.* — Bonjour...

MADAME LINDE. — Tu ne me reconnais pas ?

NORA. — En effet... je ne sais pas... mais oui, il me semble... (*S'écriant.*) Christine ! C'est toi ?

MADAME LINDE. — Oui, c'est bien moi.

NORA. — Christine ! Moi, qui ne te reconnaissais pas ! Mais comment l'aurais-je pu ?... (*Plus bas.*) Comme tu es changée, Christine.

MADAME LINDE. — C'est certain. Depuis neuf... dix longues années...

NORA. — Y a-t-il vraiment si longtemps que nous ne nous somme vues ? Mais oui, c'est bien cela. Oh ! ces huit dernières années, quelle époque heureuse, si tu savais ! Et te voilà en ville ? Tu as fait ce long voyage en plein hiver. C'est bien courageux à toi.

MADAME LINDE. — Je suis arrivée avec le bateau, ce matin.

NORA. — Pour passer les fêtes de Noël, naturellement. Quelle joie ! Nous allons bien nous amuser ! Mais ôte donc ton manteau. Tu n'as pas froid, n'est-ce pas ? (*Elle l'aide.*) Voilà ; maintenant nous allons nous asseoir commodément devant la cheminée. Non, mets-toi dans ce fauteuil; moi, je prends la chaise à bascule, c'est ma place. (*Elle lui saisit les mains.*) Voilà, que tu as repris ton ancienne figure... ce n'est qu'au premier instant... Pourtant tu as un peu pâli, Christine... et un peu maigri aussi.

MADAME LINDE. — Et beaucoup, beaucoup vieilli, Nora.

NORA. — Oui, un peu, un tout petit peu peut-être... mais pas beaucoup. (*Elle s'arrête tout à coup, puis d'une voix sérieuse.*) Oh! quelle folle je suis, je reste là à babiller... Ma chère, ma bonne Christine, peux-tu me pardonner?

MADAME LINDE. — Que veux-tu dire, Nora?

NORA, *doucement.* — Pauvre Christine, tu es veuve.

MADAME LINDE. — Oui, depuis trois ans.

NORA. — Je le savais; je l'avais lu dans les journaux. Oh! Christine, tu peux me croire, j'ai souvent pensé à t'écrire à cette époque... seulement je remettais la lettre de jour en jour et puis il survenait quelque empêchement.

MADAME LINDE. — Je me rends si bien compte de cela.

NORA. — Non, Christine, cela a été bien mal à moi. Pauvre amie, par quelles épreuves tu as dû passer! Il ne t'a pas laissé de quoi vivre?

MADAME LINDE. — Non.

NORA. — Et pas d'enfants ?

MADAME LINDE. — Non plus.

NORA. — Rien du tout, alors.

MADAME LINDE. — Pas même un deuil au cœur, un de ces regrets qui occupent.

NORA, *la regardant incrédule*. — Voyons, Christine, comment est-ce possible?

MADAME LINDE, *souriant amèrement et lui passant la main sur les cheveux*. — Cela arrive quelque fois, Nora.

NORA. — Seule au monde. Comme cela doit te peser ! Moi, j'ai trois jolis bébés. Tu ne peux pas les voir pour le moment. Ils sont sortis avec leur bonne. Maintenant tu vas tout me raconter.

MADAME LINDE. — Plus tard, commence d'abord.

NORA. — Non, à toi de parler. Aujourd'hui je ne veux pas être égoïste... je ne veux penser qu'à toi. Il y a pourtant une chose qu'il faut que je te dise. Sais-tu le grand bonheur qui nous est arrivé ces jours-ci ?

MADAME LINDE. — Non, qu'est-ce que c'est?

NORA. — Songe donc, mon mari a été fait directeur de la banque.

MADAME LINDE. — Ton mari? Oh ! quelle chance !

NORA. — N'est-ce pas? C'est si précaire d'être avocat, surtout quand on ne veut se charger que de bonnes et belles causes. Et c'était là, naturellement, le cas de Forvald, en quoi je l'approuve entièrement. Tu penses, si nous sommes heureux. Il doit occuper son poste dès la nouvelle année et alors il aura un grand traitement et de nombreux bonis. Alors cela, nous vivrons tout autrement qu'avant... absolument à notre guise. Oh ! Christine, que je me sens heureuse et le cœur à l'aise ! C'est délicieux en vérité d'avoir beaucoup d'argent et de ne pas se faire de soucis. N'est-il pas vrai ?

MADAME LINDE. — Certainement ! En tout cas cela doit être bien bon d'avoir le nécessaire.

NORA. — Non, pas seulement le nécessaire, mais beaucoup, beaucoup d'argent.

MADAME LINDE, *souriant*. — Nora, Nora, n'es-tu pas encore raisonnable à l'heure qu'il est ? A l'école tu étais une grande gaspilleuse.

NORA, *souriant doucement*. — Forvald prétend que je le suis encore. Mais (*menaçant du doigt*) « Nora, Nora » n'est pas si folle que vous le pensez. Ah ! je n'ai vraiment pas eu grand'chose à gaspiller jusqu'à présent. Il nous a fallu travailler tous les deux.

MADAME LINDE. — Toi aussi ?

NORA. — Oui. De petites choses, des ouvrages à la main, du crochet, de la broderie, etc. (*changeant de ton*) et autre chose encore. Tu sais que Forvald a quitté le ministère quand nous nous sommes mariés. Il n'avait pas d'avancement à espérer dans son bureau et il lui fallait gagner plus d'argent qu'avant. Mais la première année il s'est terriblement surmené. Tu comprends, il devait chercher toute sorte d'occupations supplémentaires et travailler du matin au soir. Cela dépassa ses forces, et il tomba mortellement malade. Alors les médecins déclarèrent qu'il devait aller dans le midi.

MADAME LINDE. — C'est vrai ; vous êtes restés un an en Italie.

NORA. — Oui. Cela ne fut pas facile de partir, comme tu peux bien le penser... Yvar venait de naître. Mais, bien entendu, il le fallait. Oh ! cela a été merveilleusement beau, ce voyage ! Et il a sauvé la vie à Forvald. Mais ce qu'il a coûté d'argent, Christine !

MADAME LINDE. — Je puis me le figurer.

NORA. — Douze cents écus. Quatre mille huit cents couronnes. C'est de l'argent cela !

MADAME LINDE. — Oui, et dans un cas pareil c'est un grand bonheur que de l'avoir.

NORA. — Je vais te dire : c'est papa qui nous l'a donné.

MADAME LINDE. — Ah bien ! C'était juste à l'époque où ton père est mort, il me semble.

NORA. — Oui, Christine, juste à cette époque. Et, pense donc, je n'ai pas pu aller le soigner. J'attendais tous les jours la naissance du petit

Yvar et mon pauvre Forvald, mourant, qui avait besoin de mes soins ! Ce bon, cher papa ! Je ne l'ai jamais revu. Oh ! c'est ce que j'ai eu de plus cruel à supporter depuis mon mariage.

MADAME LINDE. — Tu l'aimais beaucoup, je le sais. Ainsi vous êtes partis pour l'Italie ?

NORA. — Oui. Nous avions l'argent, et les médecins nous pressaient. Nous sommes partis au bout d'un mois.

MADAME LINDE. — Et ton mari est revenu entièrement remis ?

NORA. — Il se portait comme un charme.

MADAME LINDE. — Et... ce médecin ?

NORA. — Que veux-tu dire ?

MADAME LINDE. — Je me souviens que la bonne a annoncé un docteur en faisant entrer un monsieur en même temps que moi.

NORA. — Le docteur Rank, oui. Il ne vient pas en médecin. C'est notre meilleur ami : il vient nous voir au moins une fois par jour. Non, Forvald n'a pas eu une heure d'indisposition depuis lors. Les enfants aussi sont frais et bien portants, et moi de même. (*Elle se lève d'un bond et frappe des mains.*) Mon Dieu, mon Dieu, Christine, que c'est donc bon et délicieux de vivre et d'être heureux !... Ah ! mais c'est affreux à moi... je ne parle que de mes propres affaires. (*Elle s'assied sur un tabouret à côté de Christine et s'appuie sur ses genoux.*)

Tu ne m'en veux pas ? Dis-moi, est-ce bien vrai que tu n'aimais pas ton mari ? Pourquoi l'as-tu épousé dans ce cas ?

MADAME LINDE. — Ma mère était encore en vie, malade et sans soutien. Puis j'avais mes deux petits frères à ma charge. Je ne me suis pas cru en droit de refuser sa demande.

NORA. — Non, non, je suis sûre que tu as eu raison. Il était donc riche à cette époque ?

MADAME LINDE. — Il était, je crois, très à son aise. Mais c'était une fortune mal équilibrée. A sa mort tout a fondu, il n'est rien resté.

NORA. — Alors ?...

MADAME LINDE. — J'ai dû me tirer d'affaire à l'aide d'un petit négoce, d'une petite école que j'ai dirigée, que sais-je ? Les trois dernières années n'ont été pour moi qu'une longue journée de travail sans repos. Maintenant elle est finie, Nora. Ma pauvre mère n'a plus besoin de moi : elle s'en est allée ; les garçons non plus : ils sont en état de subvenir eux-mêmes à leurs besoins.

NORA. — Comme tu dois te sentir soulagée !

MADAME LINDE. — Non, Nora : je ne sens qu'un vide insupportable. Plus personne pour qui se dévouer. (*Elle se lève inquiète*). Aussi n'ai-je pas pu tenir là-bas, dans ce coin perdu. Cela doit être plus facile ici de s'absorber dans une occupation, de distraire ses pensées. Si je pouvais seulement être assez heureuse pour trouver une place, du travail de bureau...

NORA. — Y songes-tu ? C'est si fatigant et tu as tant besoin de repos. Tu ferais mieux d'aller aux eaux.

MADAME LINDE, *s'approchant de la fenêtre.* — Je n'ai pas de papa, moi, pour me payer le voyage.

NORA, *se levant.* — Allons ! ne sois pas fâchée.

MADAME LINDE. — C'est toi, chère Nora, qui ne dois pas m'en vouloir. Ce qu'il y a de pire dans une situation comme la mienne, c'est qu'on devient si aigri. On n'a personne pour qui travailler et cependant on doit regarder de tous côtés pour se pourvoir : ne faut-il pas vivre ? Alors on devient égoïste. Que te dirai-je ? Quand tu m'as fait part de l'heureuse tournure de vos affaires, je m'en suis encore plus réjouie pour moi-même que pour toi.

NORA. — Comment cela ?... Ah ! oui... je comprends. Tu t'es dit que Forvald pourra t'être utile ?

MADAME LINDE. — Oui, je l'ai pensé.

NORA. — Il le sera, Christine. Je vais préparer le terrain bien délicatement, trouver quelque chose de gentil qui rende Forvald bien disposé. Oh ! je tiens tant à te rendre service.

MADAME LINDE. — Comme c'est gentil à toi, Nora, de montrer tant d'empressement... doublement gentil de ta part à toi qui connais si peu les misères et les désagréments de la vie.

NORA. — Moi?... Tu crois cela?

MADAME LINDE, *souriant*. — Mon Dieu, de petits ouvrages à la main, et des babioles de ce genre... Tu es une enfant, Nora.

NORA, *hochant la tête et traversant la scène*. — N'en parle pas si légèrement.

MADAME LINDE. — Vraiment?

NORA. — Tu es commme les autres. Vous croyez tous que je suis bonne à rien de sérieux...

MADAME LINDE. — Allons, allons...

NORA. — Que je n'ai aucune connaissance du côté pénible de la vie.

MADAME LINDE. — Mais, ma chère Nora, tu viens de me raconter toutes tes difficultés.

NORA. — Bah!... ces bagatelles!... (*A voix basse.*) Je ne t'ai pas raconté le principal.

MADAME LINDE. — Que veux-tu dire?

NORA. — Tu me traites du haut de ta grandeur, Christine, mais tu ne devrais pas le faire. Tu es fière d'avoir tant et si longtemps travaillé pour ta mère.

MADAME LINDE. — Je ne traite personne du haut de ma grandeur. Mais, c'est vrai que je suis heureuse et fière en songeant que, grâce à moi, les derniers jours de ma mère ont été tranquilles.

NORA. — Et tu es fière aussi en songeant à ce que tu as fait pour tes frères.

MADAME LINDE. — Il me semble que j'aie le droit de l'être.

NORA. — C'est bien ce que je pense. Maintenant je vais te raconter quelque chose, Christine. Moi aussi j'ai un sujet de joie et d'orgueil.

MADAME LINDE. — Je n'en doute pas. Mais comment l'entends-tu ?

NORA. — Parle plus bas. Pense donc, si Forvald nous entendait. Pour rien au monde je ne voudrais qu'il... Personne ne doit le savoir, personne au monde, excepté toi, Christine.

MADAME LINDE. — Mais qu'est-ce donc ?

NORA. — Viens plus près. (*L'attirant près d'elle sur le canapé.*) Oui... écoute... moi aussi je puis être fière et heureuse. C'est moi qui ai sauvé la vie de Forvald.

MADAME LINDE. — Sauvé ?... Comment sauvé ?

NORA. — Je t'ai parlé, n'est-ce pas, du voyage en Italie ? Forvald n'aurait pas vécu s'il n'avait pas pu aller dans le midi..

MADAME LINDE. — Eh bien ; ton père vous a donné l'argent nécessaire.

NORA. — Oui, c'est ce que croit Forvald et tout le monde ; mais...

MADAME LINDE. — Mais ?...

NORA. — Papa ne nous a pas donné un centime. C'est moi qui ai procuré l'argent.

MADAME LINDE. — Toi ? Une si grande somme ?...

NORA. — Douze cents écus. Quatre mille huit cents couronnes. Qu'en dis-tu ?

MADAME LINDE. — Mais, Nora, comment as-tu fait cela ? ... Avais-tu gagné à la loterie ?

NORA, *d'un ton de mépris.* — A la loterie ? (*Avec un geste de dédain.*) Quel mérite y aurait-il en cela ?

MADAME LINDE. — Mais dans ce cas, où les as-tu pris ?

NORA, *souriant mystérieusement et fredonnant.* — Hm ; tra la la !

MADAME LINDE. — Tu n'aurais jamais pu les emprunter.

NORA. — Pourquoi cela ?

MADAME LINDE. — Parce qu'une femme mariée ne peut pas emprunter sans le consentement de son mari.

NORA, *hochant la tête.* — Oh ! quand il s'agit d'une femme un peu pratique... une femme qui sait s'y prendre adroitement...

MADAME LINDE. — Nora, je n'y suis pas du tout.

NORA. — Tu n'as pas besoin de comprendre. Il n'est pas dit que j'aie emprunté cet argent. J'ai pu me le procurer d'une autre façon. (*Elle se jette sur le sofa.*) J'ai pu l'avoir reçu d'un adorateur, quoi ? Avec mes attraits...

MADAME LINDE. — Folle que tu es !

NORA. — Avoue que tu es terriblement curieuse.

MADAME LINDE. — Dis-moi, chère Nora, n'as-tu pas agi à l'étourdie?

NORA, *se redressant.* — Est-ce une étourdie que de sauver la vie à son mari?

MADAME LINDE. — Ce que je crois une étourderie c'est qu'à son insu...

NORA. — Mais, justement il ne devait pas savoir! Mon Dieu, ne comprends-tu donc pas? Il ne devait pas connaître la gravité de son état. C'est à moi que les médecins sont venus dire que sa vie était en danger, qu'il n'y avait qu'un séjour dans le midi qui pouvait le sauver. Crois-tu que je n'aie pas essayé de ruser? Je lui disais combien je serais heureuse d'aller voyager à l'étranger comme les autres jeunes femmes; je pleurais, je suppliais et je lui disais qu'il devait bien songer à la position dans laquelle j'étais et se plier à mon désir; enfin je donnai à entendre qu'il pourrait bien contracter un emprunt. Mais alors, Christine, il fut tout près de s'emporter. Il me dit que j'étais une étourdie et que c'était son devoir de mari de ne pas obéir à mes fantaisies et à mes caprices. « Bon, bon, pensai-je, on le sauvera, coûte que coûte. » C'est alors que je trouvai un expédient.

MADAME LINDE. — Et ton mari n'a pas appris par ton père que l'argent ne venait pas de lui?

NORA. — Jamais. Papa est mort quelques jours après. J'avais pensé à tout lui révéler en lui deman-

dant de ne pas me trahir, mais il allait si mal...
Hélas ! je n'eus pas cette démarche à faire.

MADAME LINDE. — Et depuis tu ne t'en es jamais
confessée à ton mari ?

NORA. — Non ! Grand Dieu ! A quoi penses-tu ?
Lui, si sévère sur ce point ! Et puis... Forvald, avec
son amour-propre d'homme, comme cela lui serait
pénible ! Quelle humiliation que d'apprendre qu'il
me devait quelque chose ! Cela aurait dérangé tous
nos rapports ; notre doux intérieur, si heureux, ne
serait plus ce qu'il est.

MADAME LINDE. — Tu ne lui en parleras jamais ?

NORA, *réfléchissant et souriant à demi*. — Si...
peut-être avec le temps ; après de longues, longues
années, quand je ne serai plus aussi jolie qu'à présent. Ne ris pas ! Je veux dire : quand Forvald ne
m'aimera plus autant, quand il n'aura plus de
plaisir à me voir danser, me travestir et déclamer
pour lui. Alors, il sera bon peut-être d'avoir sur
quoi se rabattre... (*S'interrompant*) Ah bah ! Ce jour
ne viendra jamais !... Eh bien, Christine, mon grand
secret, qu'en dis-tu ? Moi aussi je suis bonne à quelque chose... Tu peux croire que cette affaire m'a
causé beaucoup de soucis. Il ne m'a pas été facile,
en vérité, de m'exécuter à date fixe. Je vais te dire,
il y a dans les affaires une chose qu'on appelle
le trimestre et une autre : l'amortissement, et tout
cela est terriblement difficile à arranger. J'ai dû

économiser un peu sur tout. Sur le ménage je n'ai pu rogner que peu de chose; il fallait que Forvald vécût commodément. Les enfants non plus ne pouvaient pas être mal habillés. Tout ce que je recevais pour eux me semblait leur revenir. Les chers petits anges !

MADAME LINDE. — C'est donc sur tes dépenses personnelles que tu as dû prélever tout cela, pauvre Nora !

NORA. — Naturellement. Du reste, ce n'était que justice. Chaque fois que Forvald me donnait de l'argent pour ma toilette, je ne dépensais que la moitié; j'achetais toujours ce qu'il y avait de moins cher. Il est bien heureux, vraiment, que tout me sied, en sorte que Forvald n'a rien remarqué. Cependant quelquefois cela me paraît dur, Christine, c'est si doux d'être élégante ! N'est-ce pas ?

MADAME LINDE. — Je crois bien.

NORA. — J'ai encore d'autres revenus. L'hiver dernier j'ai eu la chance de trouver beaucoup de copie. Alors, je m'enfermais et j'écrivais bien avant dans la nuit. Oh ! souvent j'étais fatiguée, fatiguée! Pourtant, c'était bien amusant de travailler pour gagner de l'argent. Il me semblait presque que j'étais un homme.

MADAME LINDE. — Combien as-tu pu payer de la sorte ?

NORA. — Je ne saurais te le dire au juste. Il est

très difficile, vois-tu, de se débrouiller dans ces sortes d'affaires. Je sais seulement que j'ai payé tout ce que j'ai pu. Souvent je ne savais plus où donner de la tête. (*Elle sourit.*) Alors je me représentais qu'un vieux monsieur très riche était tombé amoureux de moi...

MADAME LINDE. — Quoi ? Quel monsieur ?

NORA. — Des bêtises !... qu'il mourait, et qu'en ouvrant son testament, on voyait écrit en grandes lettres : « Tout mon argent revient à la charmante Mme Nora Helmer et lui sera versé sur-le-champ. »

MADAME LINDE. — Mais, chère Nora... quel est ce monsieur ?

NORA. — Mon Dieu ! ne comprends-tu donc pas ? Le vieux monsieur n'existe pas, c'est seulement une idée qui me revenait sans cesse quand je ne voyais aucun moyen pour me procurer de l'argent. Du reste, c'est bien indifférent maintenant. Le vieux bonhomme peut être où bon lui semble, je ne me soucie ni de lui, ni de son testament, car je suis tranquille à l'heure qu'il est. (*Elle se lève vivement.*) Oh ! mon Dieu, quel charme que d'y penser, Christine ! Tranquille ! Pouvoir être tranquille, tout à fait tranquille, jouer avec les enfants, arranger sa maison gentiment, avec goût, comme Forvald veut l'avoir. Puis viendra le printemps et le beau ciel bleu ! Peut-être pourrons-nous alors voyager un peu. Revoir la mer ! Oh ! que c'est donc adorable de vivre et d'être heureuse !

(On sonne.)

MADAME LINDE, *se levant*. — On sonne ; je dois partir peut-être ?

NORA. — Non, reste ; il ne viendra personne ; c'est probablement pour Forvald...

LA BONNE. — Pardon, madame... il y a un monsieur qui veut parler à l'avocat...

NORA. — Au directeur, veux-tu dire.

LA BONNE. — Au directeur, oui ; mais comme le docteur est là... je ne savais pas...

KROGSTAD, *apparaissant*. — C'est moi, madame.

MADAME LINDE. *Elle tressaille, se trouble et se tourne vers la fenêtre.*

NORA *fait un pas vers lui et, troublée, dit à mi-voix.* — Vous ? Qu'y a-t-il ? Que voulez-vous dire à mon mari ?

KROGSTAD. — C'est au sujet de la banque. J'ai là un petit emploi, et j'entends dire que votre mari va devenir notre chef...

NORA. — C'est vrai...

KROGSTAD. — Rien que d'ennuyeuses affaires, madame, pas autre chose.

NORA. — Donnez-vous alors la peine d'entrer au bureau.

(Elle le salue négligemment, en refermant la porte de l'antichambre, puis elle se dirige vers la cheminée.)

MADAME LINDE. — Nora... qui est cet homme?

NORA. — C'est l'avocat Krogstad.

MADAME LINDE. — Ainsi c'était lui.

NORA. — Tu le connais?

MADAME LINDE. — Je l'ai connu il y a bien des années. Il a été pendant quelque temps procureur chez nous.

NORA. — Oui, c'est juste.

MADAME LINDE. — Comme il est changé.

NORA. — Il a été, je crois, très malheureux en ménage.

MADAME LINDE. — Il est veuf maintenant, n'est-ce pas ?

NORA. — Oui, avec un tas d'enfants. Bon, voilà que je me brûle.

(Elle recule sa chaise à bascule.)

MADAME LINDE. — On dit qu'il s'occupe de toute sorte d'affaires.

NORA. — Vraiment ? C'est possible ; je n'en sais rien... Mais ne parlons pas d'affaires ; c'est si ennuyeux.

(Le docteur Rank entre, venant de la chambre de Helmer.)

RANK, *tenant la porte entr'ouverte.* — Non, non ; je ne veux pas te déranger ; j'entrerai plutôt un instant chez ta femme. (*Il ferme la porte et remarque la présence de Mme Linde.*) Oh pardon ! Je dérange également ici.

NORA. — Pas le moins du monde... (*Présentant*)
Le docteur Rank ; Mme Linde.

RANK. — Un nom qu'on entend souvent prononcer dans cette maison. Je crois vous avoir dépassé sur l'escalier, en venant.

MADAME LINDE. — Oui, je monte difficilement les escaliers.

RANK. — Ah ! un peu usée, à ce que je vois !

MADAME LINDE. — Ou plutôt surmenée.

RANK. — Pas autre chose ? Alors vous êtes probablement venue en ville pour vous reposer en courant les fêtes ?

MADAME LINDE. — Je suis venue en ville pour chercher de l'ouvrage.

RANK. — Serait-ce là un remède efficace contre le surmenage ?

MADAME LINDE. — Il faut bien vivre, docteur.

RANK. — Oui, c'est une opinion générale : on trouve cela nécessaire.

NORA. — Oh ! docteur, je suis sûre que vous même vous tenez beaucoup à vivre.

RANK. — Bien sûr, que j'y tiens. Misérable comme je suis, je veux absolument souffrir aussi longtemps que possible. Tous mes patients ont le même désir. Et c'est également l'avis de ceux qui ont le moral attaqué. Juste en ce moment j'ai laissé l'un d'eux chez Helmer, un homme en traitement : il y a des hôpitaux pour ces malades-là.

MADAME LINDE, *d'une voix sourde.* — Ah !

NORA. — Que voulez-vous dire ?

RANK. — Oh, je parle de l'avocat Krogstad, un homme que vous ne connaissez pas. Il est pourri jusqu'aux os. Eh bien ! lui aussi affirme comme une chose de la plus haute importance qu'il lui faut vivre.

NORA. — Vraiment ? De quoi parlait-il avec Helmer ?

RANK. — Je ne sais vraiment pas. J'ai seulement entendu que cela se rapportait à la banque.

NORA. — Je ne savais pas que Krog... que ce monsieur Krogstad avait à faire avec la banque.

RANK. — Si fait ; on lui a trouvé une sorte d'emploi. (*S'adressant à Mme Linde.*) Je ne sais, si chez vous aussi, il existe une espèce d'hommes qui s'évertuent à dénicher de la pourriture morale. Puis sitôt l'individu malade trouvé, ils l'installent en observation en lui procurant telle ou autre bonne place. Les bien portants n'ont qu'à rester dehors.

MADAME LINDE. — Il faut bien avouer que ce sont surtout les malades qui ont besoin d'être soignés.

RANK, *haussant les épaules.* — Voilà. C'est une manière de voir qui change la société en hôpital.

NORA, *qui est restée absorbée dans ses propres pensées, se met à rire en battant des mains.*

RANK. — Pourquoi riez-vous ? Savez-vous seulement ce que c'est que la société ?

NORA. — Est-ce que je me soucie de votre assommante société ? Je riais d'autre chose... une chose si drôle. Dites-moi, docteur... tous ceux qui ont des emplois dans la banque dépendront à l'avenir de Forvald ?

RANK. — C'est cela qui vous amuse tant ?

NORA, *souriant et fredonnant.* — Ne faites pas attention. (*Elle rôde par la chambre.*) Oui, c'est si amusant, si incroyable que nous... que Forvald ait maintenant une telle influence et sur tant de monde. (*Elle tire le carnet de pralines de sa poche.*) Docteur, voulez-vous des pralines ?

RANK. — Tiens, des pralines. Je croyais que c'était de la contrebande, ici.

NORA. — Oui, mais celles-ci, Christine me les a données.

MADAME LINDE. — Moi ?...

NORA. — Allons, allons, ne t'effraye pas. Tu ne pouvais pas savoir que Forvald me l'a défendu. Je vais te dire : il craint pour mes dents. Mais bah !... une fois n'est pas coutume. N'est-ce pas, docteur ?... Tenez ! (*Elle lui met une praline dans la bouche.*) Et toi aussi, Christine. Quant à moi, j'en mangerai une toute petite... deux tout au plus. (*Elle se remet à tourner dans la chambre.*) Me voilà démesurément heureuse. Il n'y a qu'une chose au monde dont j'ai encore une folle envie.

RANK. — Voyons ! Qu'est-ce que c'est ?

NORA. — C'est quelque chose que j'aurais une envie folle de dire devant Forvald.

RANK. — Et pourquoi ne la diriez-vous pas ?

NORA. — Je n'ose pas, c'est trop laid.

MADAME LINDE. — Laid ?...

RANK. — En effet, dans ce cas, il vaut mieux s'en abstenir, mais à nous vous pourriez... Qu'avez-vous si follement envie de dire devant Helmer !

NORA. — J'ai une si folle envie de dire : Sacre-bleu !

RANK. — Quelle folle vous êtes.

MADAME LINDE. — Voyons, Nora...

RANK. — Vous pouvez le dire ; le voici.

NORA, *cachant les bonbons.* — Tst, tst, tst.

(Helmer vient de sa chambre, un paletot sur le bras, le chapeau à la main.)

NORA, *s'avançant vers lui.* — Eh bien, cher Forvald, tu as réussi à t'en débarrasser ?

HELMER. — Oui, il vient de partir.

NORA. — Puis-je te présenter ?... C'est Christine qui est venue en ville.

HELMER. — Christine ?... Pardonnez-moi, mais je ne sais vraiment pas...

NORA. — Madame Linde, mon cher, Mme Christine Linde.

HELMER. — Ah ! très bien ! Probablement une amie d'enfance de ma femme ?

MADAME LINDE. — Oui, nous nous sommes connues autrefois.

NORA. — Et pense donc, elle a fait ce long voyage pour me parler.

HELMER. — Comment cela ?

MADAME LINDE. — Pas uniquement...

NORA. — Vois-tu, Christine est si adroite pour le travail de bureau, et puis elle meurt d'envie d'être sous les ordres d'un homme supérieur et d'acquérir encore plus d'expérience.

HELMER. — C'est fort raisonnable à vous, madame.

NORA. — Et alors, quand elle a appris que tu étais devenu directeur de la Banque, — une dépêche l'a annoncé — elle s'est tout de suite mise en chemin... N'est-ce pas, Forvald?... pour me faire plaisir, tu feras bien quelque chose pour Christine, dis?

HELMER. — Ce n'est pas du tout impossible. Madame est probablement veuve ?

MADAME LINDE. — Oui.

HELMER. — Et vous avez l'habitude du travail de bureau ?

MADAME LINDE. — Oui, assez.

HELMER. — Alors, il est très probable que je pourrai vous procurer une place...

NORA, *battant des mains*. — Tu vois bien !

HELMER. — Vous êtes venue au bon moment, madame.

MADAME LINDE. — Comment vous remercier !

HELMER. — Oh ! n'en parlons pas. (*Il met son pardessus.*) Mais aujourd'hui il faudra m'excuser...

RANK. — Attends : je t'accompagne.

(Il va prendre sa fourrure dans l'antichambre et vient la chauffer devant la cheminée.)

NORA. — Ne reste pas longtemps, Forvald.

HELMER. — Une heure ; pas plus.

NORA. — Tu pars aussi, Christine ?

MADAME LINDE, *mettant son manteau.* — Il faut que j'aille à la recherche d'un logement.

HELMER. — Nous pourrons faire un bout de chemin ensemble.

NORA, *l'aidant.* — C'est bien ennuyeux que nous demeurions si à l'étroit... il nous est vraiment impossible...

MADAME LINDE. — A quoi penses-tu ? Au revoir, chère Nora, et merci.

NORA. — Au revoir. Ce soir tu reviendras bien entendu. Et vous aussi, docteur. Comment ? Si vous allez assez bien. Qu'est-ce à dire ? Emmitouflez-vous seulement.

(Ils sortent en causant par la porte d'entrée. On entend des voix d'enfants sur l'escalier.)

NORA. — Les voici ! les voici !

(Elle court pour ouvrir. Anne-Marie entre avec les enfants.)

NORA. — Entrez ; entrez ! (*Elle se baisse et les*

embrasse.) Oh ! mes chers adorés! Vois, Christine ! Ne sont-ils pas gentils ?

RANK. — Ne restez donc pas dans le courant d'air.

(Le docteur Rank, Helmer et Mme Linde descendent l'escalier. Anne-Marie entre sur la scène avec les enfants. Nora rentre également après avoir fermé la porte.)

NORA. — Comme vous avez l'air frais et gaillards ! Quelles joues rouges ! Comme des pommes et comme des roses. (*Les enfants lui parlent tous à la fois jusqu'à la fin de la scène.*) Vous êtes-vous tant amusés que cela ? C'est très bien. Vraiment ? tu as tiré le traîneau avec Emmy et Bob dessus. Pas possible ? Tous les deux ! Ah ! tu es un petit gaillard, Yvar. Oh ! laisse-la moi un instant, Anne-Marie. Ma petite poupée chérie ! (*Elle prend la cadette des enfants et danse avec elle.*) Oui, oui, maman va danser avec Bob aussi. Comment? Vous avez fait des boules de neige ? Oh! que j'aurais voulu en être. Non, laisse-moi faire, Anne-Marie. Je veux les déshabiller moi-même. Laisse donc, c'est si amusant ! Entre là en attendant, tu as l'air toute gelée. Il y a du café chaud pour toi à la cuisine.

(La bonne d'enfants sort par la porte de gauche. Nora ôte les manteaux et les chapeaux des enfants et les éparpille au hasard. Les enfants continuent à parler.

NORA. — Pas possible ? Un grand chien a couru après vous? Mais il ne mordait pas. Non, les chiens ne mordent pas de gentilles poupées comme vous.

Yvar, faut pas regarder dans les paquets. Non, non, il y a quelque chose de vilain là dedans. Quoi ? vous voulez jouer ? A quoi ? A cache-cache ? Oui, jouons à cache-cache. Bob se cachera le premier. Moi ? Eh bien, ce sera moi !

> (Nora et les enfants se mettent à jouer, criant et riant sur la scène et dans la chambre à côté. A la fin Nora se cache sous la table. Les enfants arrivent en ouragan, et la cherchent sans pouvoir la trouver. Ils entendent son rire étouffé, se précipitent vers la table, relèvent le tapis et l'aperçoivent. Cris de joie. Elle sort à quatre pattes comme pour les effrayer. Nouvelle explosion de joie. Pendant ce temps on a frappé à la porte d'entrée, sans que personne y ait fait attention. La porte s'entr'ouvre, on aperçoit KROGSTAD. Il attend un moment. Le jeu continue.)

KROGSTAD. — Excusez-moi, madame Helmer...

NORA *pousse un cri et se relève à moitié.* — Que voulez-vous ici ?

KROGSTAD. — La porte d'entrée était entr'ouverte. Quelqu'un aura oublié de la fermer.

NORA, *se relevant.* — Mon mari n'est pas à la maison, M. Krogstad.

KROGSTAD. — Je le sais.

NORA. — Alors... que voulez-vous ?

KROGSTAD. — Vous dire un mot.

NORA. — A moi ?... (*Bas aux enfants.*) Allez chez Anne-Marie. Quoi ?... Non, le monsieur étranger ne veut pas faire de mal à maman. Quand il sera parti, nous nous remettrons à jouer.

> (Elle conduit les enfants dans la chambre à gauche et referme la porte derrière eux.)

NORA, *inquiète, agitée.* — Vous voulez me parler?

KROGSTAD. — Oui, je le veux.

NORA. — Aujourd'hui ?... Mais nous ne sommes pas encore au premier du mois...

KROGSTAD. — Non, nous sommes à la veille de Noël. Il dépendra de vous que Noël vous apporte de la joie ou du chagrin.

NORA. — Que désirez-vous ? Aujourd'hui, cela m'est vraiment impossible...

KROGSTAD. — Jusqu'à nouvel ordre, nous ne parlerons pas de cela. C'est de tout autre chose qu'il s'agit. Vous pouvez m'accorder un instant ?

NORA. — Oui, oui... bien que...

KROGSTAD. — Bien. J'étais assis au restaurant Olsen et de là j'ai vu passer votre mari...

NORA. — Ah !

KROGSTAD. — ... avec une dame.

NORA. — Eh bien ?

KROGSTAD. — Puis-je vous poser une question ? Cette dame était Mme Linde, n'est-ce pas ?

NORA. — Oui.

KROGSTAD. — Elle vient d'arriver en ville ?

NORA. — Oui, aujourd'hui même.

KROGSTAD. — C'est une amie à vous ?

NORA. — Oui... Mais je ne saisis pas...

KROGSTAD. — Moi aussi, je l'ai connue autrefois.

NORA. — Je le sais.

KROGSTAD. — Vraiment ? Vous êtes au courant.

Je le pensais bien. Permettez-moi alors de vous demander si Mme Linde va avoir une place à la Banque ?

NORA. — Comment osez-vous m'interroger à ce sujet, monsieur Krogstad ? Vous, qui êtes le subordonné de mon mari ? Mais puisque vous me le demandez, je vais vous le dire. Oui, Mme Linde aura une place à la Banque. Et ce sera grâce à moi, monsieur Krogstad. Maintenant vous êtes au courant.

KROGSTAD. — Ainsi j'avais deviné juste.

NORA, *arpentant la scène.* — Eh ! on a un peu d'influence, je pense. Quoique femme, il n'est pas dit, que... Quand on est dans une situation subalterne, monsieur Krogstad, il faudrait vraiment prendre garde à ne pas froisser quelqu'un, qui... hm...

KROGSTAD. — Qui a de l'influence ?

NORA. — Justement.

KROGSTAD, *changeant de ton.* — Madame Helmer, auriez-vous la bonté d'user de votre influence en ma faveur ?

NORA. — Comment ? Que signifie ?

KROGSTAD. — Voudriez-vous avoir la bonté de faire en sorte que je garde ma modeste place à la Banque ?

NORA. — Que voulez-vous dire ? Qui songe à vous l'enlever ?

KROGSTAD. — Oh! c'est inutile de jouer l'ignorante. Je comprends fort bien que votre amie n'aime pas à me rencontrer, et je sais maintenant à qui je dois d'être chassé.

NORA. — Mais je vous assure...

KROGSTAD. — Enfin, en deux mots : il est encore temps et je vous conseille d'user votre influence pour empêcher cela.

NORA. — Mais, monsieur Krogstad, je n'ai aucune influence.

KROGSTAD. — Comment cela? Il me semble que vous disiez tout à l'heure...

NORA. — Ce n'était évidemment pas dans ce sens. Comment pouvez-vous croire que j'aie un pareil pouvoir sur mon mari?

KROGSTAD. — Oh! je connais votre mari depuis que nous avons été étudiants ensemble. Je ne crois pas monsieur le directeur de la Banque plus ferme que d'autres hommes mariés.

NORA. — Si vous parlez avec dédain de mon mari, je vous mets à la porte.

KROGSTAD. — Madame est courageuse.

NORA. — Je ne vous crains plus. Une fois le nouvel an passé, je ne tarderai pas à me libérer.

KROGSTAD, *se dominant*. — Ecoutez bien, madame : Si cela devient nécessaire, je combattrai pour garder mon petit emploi, comme s'il s'agissait d'une affaire de vie et de mort.

NORA. — En effet, cela en a tout l'air.

KROGSTAD. — Ce n'est pas seulement à cause du revenu ; ce n'est pas là l'important. Mais il y a autre chose... enfin, je vais tout dire. Vous savez naturellement comme tout le monde que j'ai commis une imprudence, il y a cela bon nombre d'années.

NORA. — Je crois en avoir entendu parler.

KROGSTAD. — L'affaire n'est pas venue en justice ; mais à l'instant tous les chemins me furent fermés. Je débutai alors dans les sortes d'affaires que vous savez ; il fallait bien trouver quelque chose et j'ose dire que je n'ai pas été plus mauvais que d'autres. Maintenant je veux sortir de là. Mes fils grandissent. A cause d'eux je dois recouvrir autant de considération que possible. Ce poste à la Banque était pour moi le premier échelon. Et voici que votre mari veut m'en faire descendre et retomber de nouveau dans la boue.

NORA. — Mais, au nom de Dieu, monsieur Krogstad, il n'est pas en mon pouvoir de vous venir en aide.

KROGSTAD. — C'est la volonté qui vous manque ; mais j'ai des moyens pour vous forcer à agir.

NORA. — Vous n'allez pourtant pas raconter à mon mari que je vous dois de l'argent ?

KROGSTAD. — Hm ; et si je le faisais ?

NORA. — Ce serait honteux de votre part. (*Avec*

des larmes dans la voix.) Ce secret qui est ma joie et ma fierté : il l'apprendrait d'une si vilaine manière... par vous. Vous m'exposeriez aux plus grands désagréments...

KROGSTAD. — Vous n'auriez que des désagréments?

NORA, *vivement.* — Ou faites-le plutôt; c'est vous qui en pâtirez le plus ; mon mari verra alors quelle espèce d'homme vous êtes et vous serez bien sûr de perdre votre place.

KROGSTAD. — Je viens de vous demandez si ce ne sont que des désagréments de ménage que vous craignez ?

NORA. — Si mon mari apprend la chose, il voudra naturellement payer sur-le-champ ; et alors nous serons débarrassés de vous.

KROGSTAD, *faisant un pas vers elle.* — Ecoutez, madame Helmer... ou vous n'avez pas de mémoire, ou aussi vous ne connaissez guère les affaires. Il faut que je vous mette un peu au courant.

NORA. — Comment cela ?

KROGSTAD. — A l'époque de la maladie de votre mari, vous êtes venue chez moi pour emprunter douze cents écus.

NORA. — Je ne connaissais personne d'autre.

KROGSTAD. — Je promis de vous procurer la somme.

NORA. — Et vous l'avez procurée.

KROGSTAD. — Je promis de vous procurer la somme à certaines conditions. Mais vous étiez alors si préoccupée de la maladie de votre mari, et si pressée d'avoir l'argent du voyage, que je crois que vous ne fîtes guère attention aux détails. Voilà pourquoi il n'est pas de trop de vous les rappeler. Eh bien ! je promis de vous procurer l'argent contre un reçu que j'écrivis.

NORA. — Oui, et que je signai.

KROGSTAD. — Bien. Mais, plus bas, j'ajoutai quelques lignes par lesquelles votre père donnait sa garantie. Ces lignes, il devait les signer.

NORA. — Il devait, dites-vous ? Il l'a fait.

KROGSTAD. — J'avais mis la date en blanc ; cela voulait dire que votre père devait indiquer lui-même la date de la signature. Vous vous souvenez de cela !

NORA. — Oui, je crois en effet...

KROGSTAD. — Là-dessus je vous ai remis le reçu que vous deviez envoyer par la poste à votre père. C'est ainsi que cela s'est passé, n'est-ce pas ?

NORA. — Oui.

KROGSTAD. — Et, bien entendu, vous l'avez fait tout de suite ; car cinq à six jours s'étaient à peine écoulés que vous me rapportiez la quittance avec la signature de votre père. Et alors la somme vous a été livrée.

NORA. — Eh bien, oui ! N'ai-je pas fait mes payements avec exactitude ?

KROGSTAD. — A peu près. Mais, pour revenir à ce que nous disions tantôt... C'étaient là, sans doute, des temps difficiles pour vous, madame.

NORA. — Oui, c'est vrai.

KROGSTAD. — Votre père était très malade, je crois.

NORA. — Il était mourant.

KROGSTAD. — Il est mort peu après ?

NORA. — Oui.

KROGSTAD. — Dites-moi, madame Helmer, vous souviendriez-vous par hasard de la date de la mort de votre père ? Je veux dire du quantième du mois ?

NORA. — Papa est mort le 29 septembre.

KROGSTAD. — C'est exact. Je m'en suis informé. Et voilà pourquoi je ne m'explique pas (*il tire un papier de sa poche*)... certaine particularité.

NORA. — Quelle particularité ? Je ne sais pas...

KROGSTAD. — Ce qu'il y a de particulier, madame, c'est que votre père a signé le reçu trois jours après sa mort.

NORA, *se tait.*

KROGSTAD. — Pouvez-vous m'expliquer cela ?

NORA *continue à se taire.*

KROGSTAD. — Il est évident aussi que les mots : *2 octobre* et l'année, ne sont pas de l'écriture de votre père, mais d'une écriture que je crois reconnaître. Enfin, cela peut s'expliquer. Votre père aura oublié de dater la signature et quelqu'un l'aurait fait au hasard avant d'avoir appris sa mort. Il n'y a pas grand mal à cela. La chose essentielle, c'est la signature elle-même. Elle est bien authentique, n'est-ce pas, madame Helmer ? C'est bien votre père qui a écrit son nom là ?

NORA. *Après un court silence, elle relève la tête et le regarde d'un air provoquant.* — Non, ce n'est pas lui. C'est moi qui ai écrit le nom de papa.

KROGSTAD. — Savez-vous bien, madame, que c'est là une confession dangereuse ?

NORA. — Pourquoi cela ? Sous peu vous aurez votre argent.

KROGSTAD. — Une question, je vous prie. Pourquoi n'avez vous pas envoyé le papier à votre père ?

NORA. — C'était impossible. Papa était si malade. Si j'avais demandé sa signature, j'aurais dû lui déclarer à quoi l'argent était destiné. Mais je ne pouvais pas lui dire, dans l'état où il se trouvait, que la vie de mon mari était menacée. C'était impossible.

KROGSTAD. — Il aurait mieux valu, en ce cas, renoncer à ce voyage.

NORA. — Impossible. Ce voyage devait sauver la vie de son mari. Je ne pouvais pas y renoncer.

KROGSTAD. — Mais, ne vous êtes-vous pas dit

que vous commettiez une supercherie à mon égard ?

NORA.— Je ne pouvais pas prendre cela en considération. Je me souciais bien de vous ! Je ne pouvais pas vous souffrir à cause de toutes les froides
raisons que vous me donniez, quoique vous sussiez
que mon mari était en danger.

KROGSTAD. — Madame Helmer, évidemment vous
n'avez pas une idée bien nette de ce dont vous
vous êtes rendue coupable. Je puis seulement vous
affirmer que l'acte qui a causé la perte de toute ma
situation sociale n'était pas plus criminel que
celui-là.

NORA. — Vous ? Voudriez-vous me faire croire
que vous auriez fait quelque chose de courageux
pour sauver la vie de votre femme ?

KROGSTAD. — Les lois ne se préoccupent pas des
motifs.

NORA. — En ce cas ce sont de bien mauvaises lois.

KROGSTAD. — Mauvaises on non... si je montre
ce papier à la justice, c'est d'après elles que vous
serez jugée.

NORA. — Je n'en crois rien. Une fille n'aurait pas
le droit d'épargner à son vieux père mourant des
inquiétudes et des angoisses ? Une femme n'aurait
pas le droit de sauver la vie à son mari ? Je ne
connais peut-être pas à fond les lois ; mais je suis
sûre qu'il doit être écrit quelque part que des
choses pareilles sont permises. Et vous n'en savez

rien ? vous. qui êtes avocat ? Vous me paraissez peu habile comme homme de loi, monsieur Krogstad.

KROGSTAD. — C'est possible. Mais des affaires comme celles que nous traitons ensemble... vous admettez, n'est-ce pas, que je m'y entende ? Bien. Faites maintenant comme il vous plaira ; ce que je puis vous affirmer, c'est que si je suis chassé une seconde fois, vous me tiendrez compagnie.

(Il salue et sort.)

NORA, *réfléchit un instant ; puis elle hoche la tête.* — Ah bah ! Il voulait m'effrayer ! Mais je ne suis pas si sotte. (*Elle se met à ramasser les vêtements des enfants, mais s'arrête au bout d'un instant.*) Mais ?... Non, c'est impossible ! Puisque je l'ai fait par amour.

LES ENFANTS, *à la porte de gauche.* — Maman, le monsieur est parti.

NORA. — Bien, bien, je le sais. Mais ne parlez à personne de ce monsieur. Vous entendez ? Pas même à papa !

LES ENFANTS. — Non, maman. Veux-tu jouer maintenant ?

NORA. — Non, non ; pas à présent.

LES ENFANTS. — Mais, maman, tu avais promis.

NORA. — Je ne puis pas. Allez-vous-en ; j'ai tant à faire. Allez donc, mes chers petits.

(Elle les reconduit doucement et ferme la porte derrière eux.)

NORA, *s'assied sur le sofa, prend une broderie, fait quelques points, mais s'interrompt bientôt.* — Non ! (*Elle jette la broderie, se lève, va à la porte d'entrée et appelle.*) Hélène, apporte-moi l'arbre. (*Elle s'approche de la table à gauche et ouvre le tiroir.*) Non, c'est tout à fait impossible !

LA BONNE, *apportant l'arbre de Noël.* — Où dois-je le placer, madame ?

NORA. — Là ; au milieu de la chambre.

LA BONNE. — Dois-je encore chercher autre chose ?

NORA. — Merci, j'ai ce qu'il me faut.

LA BONNE, *sort, après avoir déposé l'arbre.*

NORA, *garnissant l'arbre de Noël.* — Ici, il faut des bougies... et là des fleurs... Le vilain homme ! Des bêtises ! Tout cela ne signifie rien. L'arbre de Noël sera beau. Je veux faire tout ce que tu veux, Forvald ; je danserai pour toi, je chanterai...

(Helmer rentre avec un rouleau de papier sous le bras.)

NORA. — Tiens... te voilà rentré.

HELMER. — Oui. Est-il venu quelqu'un ?

NORA. — Ici ? Non.

HELMER. — C'est extraordinaire. J'ai vu Krogstad sortir de la maison.

NORA. — Ah ! C'est juste, Krogstad est venu un instant.

HELMER. — Je le vois à ta figure ; il est venu pour te prier de parler en sa faveur ?

NORA. — Oui.

HELMER. — Et tu devais le faire comme venant de toi. Tu devais me cacher qu'il était venu. Ne t'as-t-il pas demandé cela ?

NORA. — Oui, Forvald, mais...

HELMER. — Nora, Nora ! et tu as pu agir ainsi ? Engager une conversation avec un pareil homme et lui faire une promesse ! Et, par-dessus le marché, tu m'as fait un mensonge !

NORA. — Un mensonge ?...

HELMER. — Ne m'as-tu pas dit que personne n'était venu ? (*Il la menace du doigt.*) C'est ce que mon petit oiseau chanteur ne doit plus jamais faire. Un oiseau chanteur doit avoir le bec pur, pour pouvoir gazouiller juste... jamais de fausses notes. (*Il lui prend la taille.*) N'est-il pas vrai ?... Oui, je le savais bien. (*Il la laisse aller.*) Et puis, plus un mot de cette affaire. (*Il s'assied devant la cheminée.*) Comme il fait doux et bon ici.

> (Il feuillette dans ses papiers.)
> (Nora s'occupe à orner l'arbre. Un silence.)

NORA. — Forvald !

HELMER. — Oui.

NORA. — Je me réjouis énormément d'aller après-demain au bal costumé des Stenborg.

HELMER. — Et moi, je suis excessivement curieux de la surprise que tu nous prépares.

NORA. — Oh ! que c'est bête !

HELMER. — Quoi ?

NORA. — Je ne puis pas trouver de costume qui vaille ; tout est absurde et insignifiant.

HELMER. — Tiens, la petite Nora trouve cela maintenant.

NORA, *derrière la chaise, accoudée au dossier.* — Es-tu très pressé, Forvald ?

HELMER. — Oh...

NORA. — Quels sont ces papiers ?

HELMER. — Des affaires de banque.

NORA. — Déjà ?

HELMER. — Je me suis fait livrer par les directeurs sortants, un plein pouvoir pour entreprendre les changements nécessaires dans le personnel et dans l'organisation des bureaux. Je vais employer la semaine de Noël à cet ouvrage. Je veux que tout soit en ordre au nouvel an.

NORA. — C'est donc pour cela que ce pauvre Krogstad ?...

HELMER. — Hm...

NORA, *en lui passant la main dans les cheveux.* — Si tu n'étais pas si pressé, je t'aurais demandé un immense service, Forvald.

HELMER. — Voyons. Qu'est-ce que c'est ?

NORA. — Il n'y a personne qui ait autant de goût que toi. Je tiendrais tant à être à mon avantage à ce bal costumé. Forvald, ne pourrais-tu pas t'occuper de moi et décider de mon costume ?

HELMER. — Ah ! Ah ! la petite entêtée appelle au secours.

NORA. — Oui, Forvald, je ne puis rien décider sans toi.

HELMER. — Bien, bien, on réfléchira et on trouvera quelque chose.

NORA. — Ah ! que tu est gentil. (*Elle retourne à l'arbre de Noël. Un silence.*) Comme ces fleurs font de l'effet. — Mais, dis-moi, est-ce vraiment si terrible ce qu'a fait Krogstad ?

HELMER. — Il a fait des faux. Comprends-tu ce que cela veut dire ?

NORA. — N'a-t-il pas pu être poussé par la misère ?

HELMER. — Oui, on agit par légèreté, comme tant d'autres. Je ne suis pas assez cruel pour condamner un homme sans pitié sur un seul fait de ce genre.

NORA. — Non, n'est-ce pas, Forvald ?

HELMER. — Plus d'un peut se relever, moralement, à condition de confesser son crime et de subir sa peine.

NORA. — Sa peine ?...

HELMER. — Mais ce chemin, Krogstad ne l'a pas choisi. Il a cherché à se tirer d'affaire avec des expédients et de l'adresse ; c'est cela qui l'a moralement perdu.

NORA. — Tu crois que ?

HELMER — Pense seulement: un pareil être, avec la conscience de son crime, doit mentir et dissimuler sans cesse. Il est forcé de porter un masque même dans sa propre famille: oui, devant sa femme et ses enfants. Et quand on songe aux enfants, c'est épouvantable.

NORA. — Pourquoi?

HELMER. — Parce qu'une pareille atmosphère de mensonge apporte une contagion et des principes malsains dans toute une vie de famille. Chaque fois que les enfants respirent, ils absorbent des germes de mal.

NORA, *se rapprochant de lui.* — Tu en es sûr?

HELMER. — Mais oui, chère. J'ai eu souvent l'occasion de le constater comme avocat. Presque tous les gens dépravés de bonne heure ont eu des mères menteuses.

NORA. — Pourquoi justement des mères?

HELMER. — Cela provient le plus fréquemment des mères; mais le père agit naturellement dans le même sens. Tous les avocats le savent bien. Malgré cela, Krogstad, pendant des années, a empoisonné ses propres enfants de son atmosphère de mensonge et de dissimulation. Voilà pourquoi je l'appelle un homme moralement perdu. (*Il lui tend les mains.*) Et voilà pourquoi ma gentille Nora doit me promettre de ne pas parler en sa faveur. Donne-moi ta parole. Eh bien qu'y a-t-il? Tends-moi la main. C'est cela. Ainsi c'est décidé. Je t'assure qu'il me serait impossible de travailler avec lui. Je ressens littéralement un malaise physique auprès de gens pareils.

NORA, *retire sa main et va se placer de l'autre côté de l'arbre.* — Comme il fait lourd ici. Et moi qui ai tant à faire.

HELMER, *se levant et rassemblant ses papiers.* — Il faut que je parcoure une partie de ceci avant le dîner. Et puis je penserai à ton costume. Peut-être moi aussi, ai-je préparé quelque chose à suspendre à l'arbre dans du papier doré. (*Il lui pose la main sur la tête.*) Oh mon cher petit oiseau chanteur !

NORA, *bas, après un silence.* — Oh non ! cela n'est pas. C'est impossible. Il faut que ce soit impossible.

ANNE-MARIE, *à la porte de gauche.* — Les petits réclament absolument de venir trouver leur maman.

NORA. — Non, non, non, ne les laisse pas venir chez moi. Reste avec eux, Anne-Marie.

ANNE-MARIE. — Mais oui, Madame.

NORA, *pâle d'épouvante.* — Dépraver mes petits enfants... ! Empoisonner la maison... ! *Elle relève la tête.* Ce n'est pas vrai. C'est faux aussi vrai que j'existe.

ACTE DEUXIÈME

Même décor. L'arbre de Noël dépouillé est placé dans un coin près du piano. Le chapeau et le manteau de Nora traînent sur le sofa.

Nora seule, va et vient avec agitation ; à la fin elle s'arrête près du sofa et saisit son manteau.

NORA, *lâchant le manteau.* — Quelqu'un est entré !... (*Elle va vers la porte, tend l'oreille.*) Non, il n'y a personne. Non, non, ce n'est pas pour aujourd'hui, jour de Noël ; pour demain non plus... Mais peut-être... (*Elle ouvre la porte et regarde dehors.*) Non, rien dans la boîte aux lettres ; elle est vide. Quelle folie ! Sa menace n'était pas sérieuse. Une chose pareille ne peut pas arriver. J'ai trois petits enfants.

(Anne-Marie, portant un grand carton, entre par la porte de gauche.)

ANNE-MARIE. — Enfin j'ai trouvé le carton contenant le costume.

NORA. — C'est bien ; mets-le sur la table.

ANNE-MARIE, *obéissant.* — Le costume n'est probablement pas en état.

NORA. — Ah ! je voudrais le déchirer en mille morceaux.

ANNE-MARIE. — Oh ! que non ; il peut facilement être arrangé ; il faut seulement un peu de patience.

NORA. — Oui, je veux aller prier Mme Linde de venir m'aider.

ANNE-MARIE. — Sortir de nouveau ? Par ce mauvais temps ? Madame prendra froid... tombera malade.

NORA. — Ce ne serait pas ce qui pourrait m'arriver de pire... Comment vont les enfants ?

ANNE-MARIE. — Les pauvres petits jouent avec leurs cadeaux de Noël, mais...

NORA. — Parlent-ils souvent de moi ?

ANNE-MARIE. — Ils sont si habitués à être avec maman.

NORA. — Oui, Anne-Marie ; mais, vois-tu, à l'avenir je ne pourrai plus être si souvent avec eux.

ANNE-MARIE. — Les petits enfants s'habituent à tout.

NORA. — Crois-tu cela ? Crois-tu qu'ils oublieraient leur maman si elle s'en allait pour toujours ?

ANNE-MARIE. — Que Dieu nous en préserve... pour toujours !

NORA. — Dis-moi, Anne-Marie... je me suis souvent demandé une chose. Comment as-tu eu le courage de confier ton enfant à des étrangers ?

ANNE-MARIE. — Il a bien fallu, pour être nourrice de la petite Nora.

NORA. — Oui ; mais que tu aies pu t'y décider ?

ANNE-MARIE. — Quand il s'offrait une si bonne place ? C'était encore une jolie chance pour une pauvre fille qui a eu un malheur. Car il ne voulait rien faire pour moi, le vaurien.

NORA. — Ta fille t'aura sans doute oubliée.

ANNE-MARIE. — Bien sûr que non. Elle m'a écrit d'abord quand elle a fait sa première communion et puis quand elle s'est mariée.

NORA, *lui jetant les bras autour du cou.* — Ma vieille Anne-Marie, tu as été une bonne mère pour moi lorsque j'étais petite.

ANNE-MARIE. — La pauvre petite Nora n'avait pas d'autre mère que moi.

NORA. — Et si les petits n'en avaient pas non plus, je sais bien que tu... Balivernes que tout cela ! (*Elle ouvre le carton.*) Va les rejoindre. Il faut que je... tu vas voir comme je serai jolie demain.

ANNE-MARIE. — Dans tout le bal, il n'y aura personne d'aussi jolie que Mme Nora, j'en suis sûre.

(Elle sort par la porte de gauche.)

NORA, *ouvrant le carton, mais rejetant bientôt le tout loin d'elle.* — Si j'osais seulement sortir. Si j'étais sûre que personne ne viendra. Si je savais qu'il n'arrivera rien à la maison pendant ce temps. Quelle folie ! il ne viendra personne. Pas de réflexions. Brossons le manchon. Les jolis gants, les jolis gants. Pas de ces idées ! Un, deux, trois, quatre, cinq, six... (*Elle pousse un cri.*) Ah ! les voilà...

> (Elle veut se diriger vers la porte, mais reste indécise. Mme Linde entre, après avoir déposé son manteau et son chapeau dans l'antichambre.)

NORA. — Ah ! c'est toi, Christine. Il n'y a personne d'autre, n'est-ce pas ? Comme tu arrives à propos !

MADAME LINDE. — J'ai appris que tu étais venue me demander.

NORA. — Oui, je passais justement devant chez toi. Je voulais te prier de m'aider. Asseyons-nous sur le sofa. Voici de quoi il s'agit. Il y aura demain bal costumé à l'étage au-dessus de nous, chez le consul Stenborg. Forvald veut que je sois déguisée en fille de pêcheur napolitain et que je danse la tarentelle que j'ai apprise à Capri.

MADAME LINDE. — Tiens, tiens, tu vas donner toute une représentation.

NORA. — Oui, Forvald le veut. Voici le costume ; Forvald me l'a fait faire là-bas. Mais il est maintenant si abîmé, que je ne sais vraiment...

MADAME LINDE. — Nous aurons vite arrangé cela ; il n'y a que la garniture qui est détachée en quelques endroits. Vite du fil et une aiguille. Ah ! voici tout ce qu'il me faut.

NORA. — Comme c'est gentil à toi.

MADAME LINDE, *cousant*. — Ainsi tu vas te déguiser demain, Nora ? Sais-tu ? Je viendrai un instant pour te voir. Tiens ! j'ai tout à fait oublié de te remercier pour la bonne soirée d'hier.

NORA, *se levant et traversant la scène*. — Il me semble qu'hier on n'était pas aussi bien chez nous que d'habitude. Tu aurais dû venir un peu plus tôt en ville, Christine... C'est vrai que Forvald a le grand talent de rendre la maison agréable et gentille.

MADAME LINDE. — Toi aussi, il me semble... tu es bien la fille de ton père. Mais dis-moi, le docteur Rank est-il toujours aussi abattu qu'hier ?

NORA. — Non, hier c'était plus évident que de coutume. Il est atteint d'une terrible maladie, le malheureux. Il souffre de la moelle épinière. Son père, vois-tu, était un dégoûtant personnage. Il entretenait des maîtresses et... il y a bien encore autre chose à dire ; c'est pour cela que son fils a été maladif depuis l'enfance, tu comprends.

MADAME LINDE, *laissant tomber son ouvrage*. — Mais, ma chère Nora, qui est-ce qui te raconte de pareilles histoires ?

NORA. — Bah !... Quand on a eu trois enfants... on reçoit des visites de certaines dames qui sont à demi médecins et qui vous racontent bien des choses.

MADAME LINDE *se remet à coudre. Un silence.* — Le docteur Rank vient-il tous les jours chez vous ?

NORA. — Tous les jours. Il est le meilleur ami de jeunesse de Helmer et mon ami aussi. Le docteur Rank est, pour ainsi dire, de la maison.

MADAME LINDE. — Mais, dis-moi, cet homme est-il tout à fait sincère ? Je veux dire... est-ce qu'il n'aime pas à faire des compliments ?

NORA. — C'est bien le contraire. D'où te vient cette idée ?

MADAME LINDE. — Quand tu me l'as présenté hier, il a assuré qu'il avait souvent entendu mon nom ici ; or, plus tard, j'ai remarqué que ton mari n'avait aucune idée de moi. Comment alors le docteur Rank a-t-il pu... ?

NORA. — Tu as raison, Christine. Forvald a une grande adoration pour moi ; il veut que je sois à lui tout seul, comme il dit. Dans les premiers temps cela le rendait tout à fait jaloux, rien que de m'entendre nommer un des chers êtres qui m'entouraient jadis. Naturellement, je m'en suis abstenue depuis, mais avec le docteur Rank j'en parle souvent, vois-tu ; cela l'amuse de m'écouter.

MADAME LINDE. — Ecoute-moi bien, Nora ; sous plus d'un rapport tu es une enfant ; moi, je suis plus âgée que toi et j'ai un peu plus d'expérience.

Je vais te donner un conseil au sujet du docteur
Rank : Il faudrait tâcher de mettre une fin à tout
cela.

NORA. — Mettre fin à quoi ?

MADAME LINDE. — A bien des choses. Tu m'as
parlé hier d'un riche adorateur qui devait te procurer de l'argent.

NORA. — C'est vrai ; mais il n'existe pas... malheureusement ! Et puis ?

MADAME LINDE. — Le docteur Rank est-il riche ?

NORA. — Oui, il a de la fortune.

MADAME LINDE. — Et pas de famille ?

NORA. — Personne ; mais ?...

MADAME LINDE. — Et il vient ici tous les jours ?

NORA. — Tu le sais bien.

MADAME LINDE. — Comment un homme comme il
faut peut-il être aussi indélicat ?

NORA. — Je ne te comprends pas du tout.

MADAME LINDE. — Ne joue pas la comédie, Nora.
Crois-tu que je ne devine pas à qui tu as emprunté
les douze cents écus.

NORA. — As-tu entièrement perdu la tête ? Peux-
tu vraiment croire pareille chose ? A un ami,
qui vient ici tous les jours ! Quelle torturante
situation ce serait.

MADAME LINDE. — Ainsi, ce n'est vraiment pas
lui ?

NORA. — Non, bien sûr. Cette idée ne m'est pas

venue un seul instant. Du reste, il n'avait pas d'argent à prêter à cette époque; ce n'est que plus tard qu'il a hérité.

MADAME LINDE. — Je crois que cela a été un bonheur pour toi, ma chère Nora.

NORA. — Non, jamais l'idée ne me viendrait de demander au docteur Rank... Du reste, je suis bien sûre que si je lui demandais...

MADAME LINDE. — Mais naturellement tu ne le feras pas.

NORA. — Non, bien entendu. Je n'en prévois pas la nécessité. Mais je suis bien sûre que si je parlais au docteur Rank...

MADAME LINDE. — A l'insu de ton mari?

NORA. — Il faut que je sorte de cette affaire. Elle aussi s'est faite à son insu. Il faut que cela finisse.

MADAME LINDE. — Je te le disais hier; mais...

NORA, *allant et venant.* — Un homme peut plus facilement se débrouiller dans ces sortes d'affaires qu'une femme...

MADAME LINDE. — Si tu parles du mari, oui.

NORA. — Des bêtises! (*Elle s'arrête.*) Quand on a tout payé, on vous rend votre quittance, n'est-ce pas?

MADAME LINDE. — Naturellement.

NORA. — Et on peut la déchirer en mille morceaux et la brûler... le dégoûtant, le sale papier!

MADAME LINDE *la regarde fixement, dépose l'ouvrage et se lève lentement.* — Nora, tu me caches quelque chose.

NORA. — Tu vois cela à ma figure ?

MADAME LINDE. — Il s'est passé quelque chose depuis hier matin. Nora, dis-moi ce que c'est ?...

NORA, *se tournant vers elle.* — Christine ! (*Tendant l'oreille.*) Chut ! Forvald est rentré. Passe dans la chambre des enfants. Forvald ne peut pas souffrir de voir coudre. Dis à Anne-Marie de t'aider.

MADAME LINDE, *rassemblant une partie des effets.* — C'est bien ; mais je ne partirai pas avant que tu ne m'aies franchement parlé de tout.

(Elle sort par la porte de gauche ; en même temps Helmer entre par celle de l'antichambre.)

NORA, *allant à sa rencontre.* — Avec quelle impatience je t'ai attendu, cher Forvald.

HELMER. — Etait-ce la couturière ?...

NORA. — Non, c'était Christine ; elle m'aide à arranger mon costume. Tu vas voir comme je ferai de l'effet.

HELMER. — Oui, j'ai eu là une brillante idée.

NORA. — Une idée superbe. Mais moi aussi je suis gentille de te complaire.

HELMER, *lui caressant le menton.* — Gentille ?... De complaire à ton mari ? Allons, allons, petite folle, je sais bien que ce n'est pas cela que tu voulais dire. Mais je ne veux pas te déranger; tu dois essayer, je pense.

NORA. — Et toi, tu vas travailler?

HELMER. — Oui. (*Montrant des papiers.*) Tu vois. Je suis allé à la Banque...

(Il veut entrer dans sa chambre.)

NORA. — Forvald.

HELMER, *s'arrêtant.* — Oui.

NORA. — Si le petit écureuil te demandait instamment une chose?...

HELMER. — Quoi?

NORA. — Tu la ferais, dis?

HELMER. — D'abord il faudrait savoir de quoi il s'agit.

NORA. — Si tu voulais être gentil et docile, l'écureuil gambaderait et ferait toutes sortes de drôleries.

HELMER. — Dis vite.

NORA. — L'alouette gazouillerait sur tous les tons.

HELMER. — L'alouette ne fait que cela.

NORA. — Je danserais pour toi comme les elfes au clair de lune.

HELMER. — Nora... il ne s'agit pourtant pas de ce dont tu as parlé ce matin?

NORA, *se rapprochant.* — Si, Forvald... je t'en supplie!

HELMER. — Et tu as vraiment le courage d'en parler une seconde fois.

NORA. — Oui, oui, il faut consentir, il faut que Krogstad garde sa place à la Banque.

HELMER. — Ma chère Nora, j'ai destiné cette place à Mme Linde.

NORA. — C'est bien gentil à toi; eh bien! tu n'as qu'à renvoyer un autre commis au lieu de Krogstad.

HELMER. — Ceci est un entêtement qui dépasse les bornes! Parce que hier tu as donné une promesse irréfléchie, tu voudrais que...

NORA. — Ce n'est pas pour cela, Forvald. C'est pour toi. Tu as dit toi-même que cet homme écrit dans les plus mauvais journaux... il pourra te faire tant de mal. Il m'inspire un si mortel effroi...

HELMER. — Oh! je comprends; ce sont des souvenirs d'autrefois qui te reviennent et t'effrayent.

NORA. — Qu'entends-tu par là?

HELMER. — Tu penses évidemment à ton père.

NORA. — Oui, c'est cela. Rappelle-toi tout ce que de vilaines gens ont écrit sur papa dans les journaux... et toutes les calomnies qu'ils ont lancées contre lui. Je crois qu'on l'aurait destitué, si le ministère ne t'avait pas envoyé pour faire l'enquête et si tu ne t'étais pas montré si bienveillant pour lui.

HELMER. — Ma petite Nora, il y a une grande différence entre ton père et moi. Ton père n'était

pas un fonctionnaire inattaquable. Et moi je le
suis et j'espère le rester tant que je garderai ma
situation.

NORA. — Oh! qui sait ce que les méchantes
langues peuvent inventer. Nous pourrions être si
bien, si tranquilles, si heureux, dans notre paisible nid, toi, moi et les enfants! Voilà pourquoi
je te supplie si instamment.

HELMER. — C'est justement parce que tu parles
en sa faveur qu'il m'est impossible de le garder.
On sait déjà à la banque que je dois congédier
Krogstad. Si on apprenait maintenant que la femme
du nouveau directeur l'a fait changer d'avis...

NORA. — Eh bien?

HELMER. — Non, peu importe naturellement,
pourvu que tu aies fait triompher ta petite volonté. Tu crois vraiment que j'irais me rendre ridicule aux yeux de tout le personnel?... Faire croire
que je dépends de toutes sortes d'influences étrangères? Tu peux être sûre que les suites se feraient
vite sentir. Et puis... il y a encore une raison qui
rend Krogstad impossible à la Banque tant que
j'en serai le directeur.

NORA. — Qu'est-ce que c'est?

HELMER. — Pour sa tare morale... j'aurais pu à
la rigueur avoir de l'indulgence...

NORA. — N'est-ce pas, Forvald?

HELMER. — Surtout comme on me dit que c'est

un bon employé. Mais c'est une vieille connaissance à moi. Une de ces connaissances de jeunesse,
faites à la légère et qui vous gênent si souvent
plus tard dans l'existence. Pour tout dire, nous
nous tutoyons. Et cet individu est tellement dé-
pourvu de tact, qu'il ne s'en cache pas le moins
du monde en présence d'autres personnes. Au contraire il croit que cela lui donne le droit d'employer un ton familier avec moi, et à chaque instant ce sont des *tu*, des *toi*, Helmer. Je te jure que
cela m'est désagréable au plus haut point. Il me
rendrait ma situation à la Banque intolérable.

NORA. — Forvald, tu ne penses pas un mot de
ce que tu dis.

HELMER. — Si fait. Pourquoi ne le ferais-je pas ?

NORA. — Parce que ce serait un motif mesquin.

HELMER. — Que dis-tu ? Mesquin ? Tu me trouves
mesquin ?

NORA. — Non, au contraire, mon cher Forvald,
et voilà pourquoi...

HELMER. — C'est égal ; tu dis que mes motifs
sont mesquins, en ce cas je le suis moi-même.
Mesquin ? Vraiment ? Il est temps que ceci finisse.
(*Appelant.*) Hélène !

NORA. — Que vas-tu faire ?

HELMER. — Prendre une décision.

(La bonne entre.)

HELMER. — Tenez, voici une lettre. Allez sur-le-champ. Trouvez un commissionnaire pour la porter. Mais vite. L'adresse est dessus. Voici de l'argent.

LA BONNE. — Bien, monsieur.

(Elle sort avec la lettre.)

HELMER, *repliant ses papiers.* — Voilà ! madame l'opiniâtre.

NORA, *la voix étranglée.* — Qu'est-ce que c'est que cette lettre ?

HELMER — Le congé de Krogstad.

NORA. — Reprends-la, Forvald ! Il en est temps encore. Oh ! Forvald, reprends-la ! Fais cela pour moi... pour toi-même, pour les enfants! Ecoute-moi, Forvald... fais cela ! Tu ne sais pas ce qui en résultera pour nous tous.

HELMER. — Trop tard.

NORA. — Oui, trop tard.

HELMER. — Chère Nora, je te pardonne cette angoisse, quoique au fond elle soit une injure pour moi. Oui, c'en est une ! N'est-ce pas une injure de croire que je pourrais avoir peur de la vengeance d'un avocassier perdu? Mais je te le pardonne quand même, car cela témoigne du grand amour que tu me portes. (*Il la prend dans ses bras.*) Il le faut, ma Nora adorée. Advienne que pourra. Dans les moments graves, tu verras que j'ai de la force et du courage et que je prends tout sur moi.

NORA, *épouvantée.* — Que veux-tu dire ?

HELMER. — Tout, te dis-je...

NORA, *avec un accent de décision.* — Jamais, jamais tu ne feras cela !

HELMER. — Bien ; alors nous partagerons, Nora... comme mari et femme. C'est ainsi que cela doit être. (*La caressant.*) Es-tu contente maintenant ? Allons, allons, pas de ces regards de colombe effarouchée. Tout cela, ce ne sont que de pures fantaisies. Tu devrais maintenant jouer la tarentelle et t'exercer sur le tambourin. Je m'enfermerai dans mon bureau, d'où je n'entendrai rien. Tu pourras faire tout le bruit que tu voudras et quand Rank viendra, tu lui diras où je suis.

(Il lui fait un signe de tête, entre dans sa chambre en emportant les papiers et referme la porte après lui.)

NORA, *à demi morte d'angoisse, reste clouée à sa place et dit à demi-voix :* — Il serait capable de le faire. Il le fera malgré tout. Jamais, oh ! jamais, cela ! Plutôt tout au monde ! Du secours !... Un moyen... (*On sonne.*) Le docteur Rank !... Plutôt tout au monde, n'importe quoi !

(Elle passe la main sur son front, tâchant de se remettre, et va ouvrir la porte d'entrée. On voit le docteur Rank suspendant sa fourrure. Pendant la scène suivante, le crépuscule tombe.

NORA. — Bonjour, docteur. Je vous ai reconnu à votre manière de sonner. Il ne faut pas entrer chez Forvald maintenant : je crois qu'il est occupé.

RANK. — Et vous ?

NORA, *pendant qu'il entre et qu'elle referme la porte.* — Oh! vous savez bien... pour vous, j'ai toujours un moment.

RANK. — Merci. J'en profiterai aussi longtemps que je le pourrai.

NORA. — Que voulez-vous dire? Aussi longtemps que vous le pourrez?

RANK. — Oui. Cela vous effraye?

NORA. — L'expression est étrange. Quelque chose doit donc arriver?

RANK. — Ce que j'ai longtemps prévu. Mais je ne pensais pas que cela viendrait si tôt.

NORA, *lui saisissant le bras.* — Qu'y a-t-il? Que vous a-t-on dit? Docteur, vous allez me l'apprendre.

RANK, *s'asseyant près de la cheminée.* — **Je suis** au bas de la côte. Il n'y a rien à faire.

NORA, *soulagée.* — Il s'agit de vous?...

RANK. — Et de qui donc? A quoi bon me mentir à moi-même? Je suis le plus misérable de tous mes patients, madame Helmer... Ces jours-ci, j'ai entrepris l'examen général de mon état. C'est la banqueroute. Avant un mois, peut-être, je pourrirai au cimetière.

NORA. — Fi, comme c'est laid de parler ainsi!

RANK. — C'est que la chose elle-même est diablement laide. Le pire, c'est pourtant toutes les horreurs qui doivent précéder. Il ne me reste plus qu'un seul examen. Sitôt que je l'aurai fait, je saurai par à peu près quand le dénoûment commencera. Il y a une chose que je désire vous dire : Helmer a dans sa fine nature une aversion si prononcée pour tout ce qui est laid. Je ne veux pas de lui à mon chevet.

NORA. — Oh, mais, docteur...

RANK. — Je n'en veux pas. Sous aucun prétexte. Je lui fermerais la porte. Aussitôt que j'aurai la certitude de la catastrophe, je vous enverrai ma carte de visite marquée d'une croix noire : vous saurez alors que c'est l'abomination de la désolation qui a commencé.

NORA. — Non, aujourd'hui, vous êtes par trop extravagant. Et moi, qui aurais tant désiré que vous fussiez de très bonne humeur.

RANK. — Avec la mort devant les yeux ?... Et payer pour autrui ? Est-ce de la justice, cela ? Et dire que dans chaque famille il existe d'une manière ou d'une autre une liquidation de ce genre...

NORA, *se bouchant les oreilles.* — Chut ! Soyons gais, soyons gais !

RANK. — En effet, cela prête à rire. Mon épine dorsale, la pauvre innocente, doit souffrir à cause de la joyeuse vie qu'a menée mon père quand il était lieutenant.

NORA, *à gauche près de la table.* — Il aimait

13

trop les asperges et les pâtés de foies gras, n'est-ce pas?

RANK. — Oui ; et les truffes.

NORA. — Ah oui! les truffes, et les huitres aussi ?

RANK. — Et les huitres, cela s'entend?

NORA. — Et avec cela des flots de parto et de champagne... Il est fâcheux que toutes ces bonnes choses attaquent l'épine dorsale.

RANK. — Surtout quand elles attaquent une malheureuse épine dorsale qui n'en a jamais joui.

NORA. — Ah oui! voilà le plus triste de l'affaire!

RANK, *la regardant attentivement.* Hm...

NORA, *après un instant de silence.* — Pourquoi avez-vous souri ?

RANK. — C'est vous qui avez souri.

NORA. — Non, docteur, je vous jure que c'était vous.

RANK, *se levant.* — Vous êtes plus railleuse que je ne le pensais.

NORA. — Je suis si disposée à dire des folies aujourd'hui.

RANK. — On le voit bien.

NORA, *posant ses deux mains sur les épaules du docteur.* — Cher, cher docteur. Il ne faut pas mourir et nous quitter, Forvald et moi.

RANK. — Oh! ce sera un chagrin dont vous serez

bientôt consolés. Ceux qui s'en vont sont si vite oubliés.

NORA, *le regardant avec inquiétude.* — Vous pensez ?

RANK. — On se crée de nouvelles relations et alors...

NORA. — Qui se crée de nouvelles relations ?

RANK. — Vous et Helmer, vous le ferez tous les deux, quand je serai parti. Quant à vous, vous avez déjà commencé, il me semble. Qu'avait-elle à faire ici hier soir, cette Mme Linde ?

NORA. — Ah !... vous n'allez pas être jaloux de cette pauvre Christine.

RANK. — Si, je le suis. Elle me succédera dans la maison. Quand mon échéance sera venue, cette personne...

NORA. — Chut ! pas si haut, elle est là à côté.

RANK. — Aujourd'hui aussi? Vous voyez bien.

NORA. — Rien que pour arranger mon costume. Mon Dieu, comme vous êtes absurde! (*S'asseyant sur le sofa.*) Maintenant il faut être raisonnable, docteur. Demain vous verrez comme je danserai gentiment et vous pourrez vous dire que je ne le fais que pour vous... oui, et pour Forvald, cela va sans dire. (*Elle retire différentes choses du carton.*) Docteur, venez donc vous asseoir, que je vous montre quelque chose...

RANK, *s'asseyant.* — Quoi donc?

NORA. — Voyez plutôt... Regardez!

RANK. — Des bas de soie.

NORA. — Couleur de chair. N'est-ce pas joli ? Maintenant il fait trop sombre ; mais demain... Non, non, non ; vous ne devez voir que la plante des pieds. Si, pourtant, vous pouvez voir plus haut.

RANK. — Hm...

NORA. — Pourquoi avez-vous cet air de doute ? Vous ne croyez pas qu'ils m'iront ?

RANK. — Sur quoi baser mon opinion ?

NORA, *le regardant un instant.* — Fi, que vous êtes vilain ! (*Lui fouettant légèrement l'oreille avec les bas.*) Voilà ce que vous méritez.

(Elle les remet dans le carton.)

RANK. — Quelles merveilles y a-t-il encore à voir ?

NORA. — Vous ne verrez plus rien du tout, parce que vous n'êtes pas sage.

(Elle cherche parmi les objets en fredonnant.)

RANK, *après un court silence.* — Quand je suis là, avec vous, familièrement, je ne puis comprendre... Non, je ne comprends pas ce que je serais devenu si je n'étais jamais venu dans cette maison.

NORA, *souriant.* — Je crois, en effet, qu'au bout du compte vous vous plaisez chez nous.

RANK, *baissant la voix et regardant fixement devant lui.* — Et devoir quitter tout cela...

NORA. — Niaiserie ! Vous ne nous quitterez pas...

RANK, *comme avant*. — Et n'avoir pas la plus petite preuve de reconnaissance à laisser... à peine un chagrin passager... pas autre chose qu'une place libre qui pourra être prise par le premier venu.

NORA. — Et si je vous demandais ?... Non...

RANK. — Si vous me demandiez quoi ?

NORA. — Une grande preuve de votre affection.

RANK. — Oui, eh bien ?

NORA. — Je veux dire un énorme service.

RANK. — Vous voudriez pour une fois me faire cette grande joie ?

NORA. — Oui ; mais vous ne savez même pas de quoi il s'agit.

RANK. — Voyons, dites.

NORA. — Non, je ne puis pas, docteur ; c'est si énorme ; à la fois un conseil, un secours et un service...

RANK. — Tant mieux. Je ne conçois pas ce que cela peut être. Mais parlez donc. N'ai-je pas votre confiance ?

NORA. — Vous l'avez comme personne. Vous êtes mon meilleur, mon plus fidèle ami, je le sais bien. Voilà pourquoi je vais tout vous dire. Eh bien ! docteur, il y a une chose qu'il faut m'aider à éviter. Vous savez combien Forvald m'aime ; il n'hésiterait pas un instant à donner sa vie pour moi.

RANK, *se penchant vers elle*. — Nora... croyez-vous donc qu'il soit le seul ?

NORA, *avec un petit mouvement.* — Comment ?...

RANK. — Le seul qui donnerait avec joie la vie pour vous.

NORA, *tristement.* — Vraiment ?

RANK. — Je me suis juré que vous le sauriez avant que je m'en aille. Je n'aurais jamais pu trouver une meilleure occasion. Oui, Nora, maintenant vous le savez. C'est vous dire aussi que vous pouvez vous confier à moi comme à personne.

NORA, *se levant simplement et tranquillement.* — Laissez-moi passer.

RANK *lui fait de la place, mais reste assis.* — Nora !

NORA, *à la porte d'entrée.* — Hélène, apporte la lampe. (*Se dirigeant vers la cheminée.*) Oh ! cher docteur, ceci est vraiment mal à vous.

RANK. — C'est mal de vous avoir aimée aussi profondément qu'on peut le faire ?

NORA. — Non ; mais de l'avoir dit. C'était de trop...

RANK. — Que voulez-vous dire ? Que vous le saviez ?...

(*La bonne entre avec la lampe, qu'elle pose sur la table puis elle sort.*)

RANK. — Nora... madame Helmer... je vous demande si vous le saviez ?

NORA. — Est-ce que je sais... Je ne puis vraiment

pas vous le dire... Comment avez-vous pu être aussi maladroit, docteur. Tout allait si bien.

RANK. — Enfin, vous avez maintenant la certitude que je suis à votre disposition, corps et âme Voulez-vous parler.

NORA, *le regardant.* — Après ce que vous venez de dire?

RANK. — Je vous en prie, apprenez-moi ce que c'est.

NORA. — C'est fini! Vous ne saurez rien.

RANK. — Si, si! Ne me punissez pas ainsi. Laissez-moi vous aider autant que c'est humainement possible.

NORA. — Maintenant vous ne pouvez plus rien pour moi... Du reste je n'ai besoin de personne. Vous verrez, que ce ne sont là que de pures fantaisies, pas autre chose. C'est évident! (*Elle s'assied dans la chaise à bascule et le regarde en souriant.*) Oui, vous êtes vraiment un gentil monsieur, docteur Rank. Vous n'avez pas honte, maintenant que la lampe est allumée, dites?

RANK. — A vrai dire, non. Mais je dois peut-être partir... pour toujours?

NORA. — Pas le moins du monde. Vous viendrez naturellement comme avant. Vous savez bien que Forvald ne peut pas se passer de vous.

RANK. — Oui, mais vous?

NORA. — Moi ? Tout me semble si amusant dès que vous êtes là.

RANK. — C'est justement cela qui m'a induit en erreur. Vous êtes une énigme ! Souvent il m'a semblé que vous aviez autant de plaisir à être avec moi qu'avec Helmer.

NORA. — Oui, voyez-vous ; il y a ceux qu'on aime et ceux avec qui on se plaît.

RANK. — Il y a du vrai là dedans.

NORA. — Lorsque j'étais à la maison, j'aimais naturellement papa par-dessus tout. Mais je n'avais pas de plus grand plaisir que de descendre en cachette dans la chambre des bonnes ; elles ne me faisaient jamais la morale et elles se racontaient toujours de si drôles d'histoires.

RANK. — Ah ! fort bien ! Ainsi ce sont elles que j'ai remplacées.

NORA, *se levant vivement et courant vers lui.* — Mais non, mon cher docteur, ce n'est pas ce que j'ai voulu dire. Mais vous pouvez bien comprendre que c'est la même chose avec Forvald qu'avec papa.

LA BONNE, *venant de l'antichambre.* — **Madame !**

(Elle lui parle à l'oreille et lui tend une carte.)

NORA, *regardant la carte.* — **Ah !**

(Elle la met dans sa poche.)

RANK. — Quelque chose d'ennuyeux ?

NORA. — Pas du tout ; c'est... c'est mon nouveau costume...

RANK. — Comment cela ? Mais votre costume est là.

NORA. — Oh oui, celui-là ; mais il y en a un autre. Je l'ai commandé... Forvald ne doit rien savoir...

RANK. — Ah ! voilà donc le grand secret.

NORA. — Mais oui ; entrez bien vite chez lui. Il est dans la pièce du fond ; empêchez-le de venir...

RANK. — Soyez tranquille ; il ne m'échappera pas.

(Il entre dans la chambre de Helmer.)

NORA, *à la bonne*. — Et il attend à la cuisine ?

LA BONNE. — Oui ; il est monté par l'escalier de service...

NORA. — Ne lui as-tu pas dit qu'il y avait quelqu'un ?

LA BONNE. — Si, mais cela n'a servi à rien.

NORA. — Il n'a pas voulu s'en aller ?

LA BONNE. — Non, il ne partira qu'après avoir parlé à madame.

NORA. — Eh bien, fais-le entrer ; mais sans bruit. Hélène, tu ne le diras à personne ; c'est une surprise pour mon mari.

LA BONNE. — Oui, oui, je comprends...

(Elle sort.)

NORA. — L'horreur se prépare ! Le voici qui

vient. Non, non, non, cela ne se peut pas; cela ne doit pas arriver !

> (La bonne fait entrer Krogstad et referme la porte. Il est en fourrure de voyage, grosses bottes et bonnet fourré.)

NORA, *s'avançant vers lui.* — Parlez bas, mon mari est là.

KROGSTAD. — C'est possible.

NORA. — Que voulez-vous ?

KROGSTAD. — Un renseignement.

NORA. — Parlez vite ! Qu'est-ce que c'est ?

KROGSTAD. — Vous savez que j'ai reçu mon congé.

NORA. — Je n'ai pas pu l'empêcher, monsieur Krogstad. J'ai combattu pour votre cause jusqu'au bout, mais rien n'a aidé.

KROGTSAD. — Votre mari a-t-il si peu d'amour pour vous ? Il sait ce qui peut arriver et malgré cela, il ose...

NORA. — Comment pouvez-vous croire qu'il le sache ?

KROGTSAD. — Au fait, je ne l'ai jamais pensé. Cela n'aurait guère ressemblé à mon bon Forvald Helmer de montrer tant de courage.

NORA. — Monsieur Krogstad, j'exige qu'on respecte mon mari.

KROGSTAD. — Je crois bien. On lui rend tout le respect qui lui est dû. Mais puisque madame met tant de soin à cacher cette affaire, je me permets de supposer que vous êtes mieux renseignée qu'hier sur la gravité de ce que vous avez fait.

NORA. — Mieux renseignée que je ne l'aurais été par vous.

KROGSTAD. — En effet, un si mauvais juriste...

NORA. — Que me voulez-vous ?

KROGSTAD. — Rien. Voir seulement comment vous allez, madame. J'ai pensé à vous toute la journée. On a beau être un caissier, un avocassier, un... en un mot un individu comme moi, on n'en a pas moins quelque chose qui s'appelle du cœur, après tout.

NORA. — Prouvez-le ; pensez à mes petits enfants.

KROGSTAD. — Votre mari a-t-il pensé aux miens ? Mais peu importe. Je voulais seulement vous dire de ne pas prendre la chose trop au tragique. D'abord je ne déposerai pas de plainte contre vous ?

NORA. — Non, n'est-ce pas ? J'en étais sûre.

KROGSTAD. — On peut fort bien terminer cette affaire à l'amiable. Il n'est pas du tout nécessaire que d'autres en soient informés. Cela peut rester entre nous trois.

NORA. — Mon mari ne doit jamais rien apprendre...

KROGSTAD. — Comment voulez-vous empêcher cela ? Pouvez-vous par hasard payer le restant.

NORA. — Non ; pas tout de suite.

KROGSTAD. — Vous avez peut-être trouvé un moyen de vous procurer de l'argent ces jours-ci ?

NORA. — Non. Pas de moyen que je voudrais employer.

KROGSTAD. — Du reste cela ne vous aurait servi à rien. Vous pourriez m'offrir n'importe quelle somme, que je ne vous rendrais pas votre engagement.

NORA. — Mais expliquez-moi alors comment vous voulez vous en servir.

KROGSTAD. — Je veux simplement le garder, l'avoir en ma possession. Nul étranger n'en saura rien. Ainsi, pour le cas où vous auriez songé à quelque résolution désespérée...

NORA. — J'y ai songé.

KROGSTAD. — ...ou bien à tout quitter et à fuir...

NORA. — J'y ai songé.

KROGSTAD. — ... ou à faire quelque chose de pire encore...

NORA. — Comment pouvez-vous savoir cela ?

KROGSTAD. — ... abandonnez ces idées.

NORA. — Mais comment savez-vous que je les ai ?...

KROGSTAD. — Nous les avons presque tous au commencement. Je les ai eues comme les autres ; mais, ma foi, j'ai manqué de courage.

NORA, *d'une voix sourde.* — Moi aussi !

KROGSTAD, *soulagé*. — N'est-ce pas ? Vous aussi le cœur vous manque.

NORA. — Oui.

KROGSTAD. — Ce serait du reste une grande sottise. La première tempête conjugale une fois passée... Là, dans ma poche j'ai une lettre pour votre mari...

NORA. — Vous lui dites tout ?

KROGSTAD. — Avec des expressions aussi atténuées que possible.

NORA, *vivement*. — Il ne doit pas voir cette lettre. Déchirez-la. Je trouverai de l'argent.

KROGSTAD. — Excusez-moi, madame, mais je crois vous avoir dit à l'instant...

NORA. — Oh ! je ne parle pas de l'argent que je vous dois. Dites-moi la somme que vous demandez à mon mari, je vous la donnerai.

KROGSTAD. — Je ne demande pas d'argent à votre mari.

NORA. — Mais alors que voulez-vous ?

KROGSTAD. — Je vais vous le dire. Je veux avancer, madame, je veux parvenir ; et en cela votre mari doit m'aider. Pendant un an et demi je n'ai commis aucune malhonnêteté : pendant tout ce temps, je me suis débattu dans les plus misérables difficultés. J'étais content de remonter pas à pas. Maintenant je suis chassé et il ne me suffit plus d'être seulement repris par grâce. Je veux parve-

nir, vous dis-je. Je veux rentrer dans la Banque..
dans de meilleures conditions qu'avant ; votre
mari doit créer un poste pour moi...

NORA. — Jamais il ne fera cela !

KROGSTAD. — Il le fera ; je le connais... il n'osera
pas sourciller. Et une fois-là, vous allez voir. Avant
un an je serai la main droite du directeur. Ce sera
Nils Krogstad et non pas Forvald Helmer qui diri-
gera la Banque.

NORA. — Voilà une chose qui n'arrivera jamais.

KROGSTAD. — Vous voudriez peut-être !...

NORA. — Maintenant j'en ai le courage.

KROGSTAD. — Oh ! vous ne m'effrayez pas. Une
dame délicate et distinguée comme vous...

NORA. — Vous allez voir, vous allez voir !

KROGSTAD. — Sous la glace peut-être? Dans
l'abîme humide, sombre et froid? Et au printemps
reparaître à la surface défigurée, méconnaissable,
sans cheveux...

NORA. — Vous ne m'effrayez pas.

KROGSTAD. — Vous non plus. On ne fait pas de
ces choses-là, madame Helmer. Et puis à quoi bon ?
Je l'ai dans ma poche quand même.

NORA. — Quand je ne serai plus là ?...

KROGSTAD. — Vous oubliez que, dans ce cas,
votre mémoire même sera entre mes mains.

NORA *le regarde interdite.*

KROGSTAD. — Allons, vous voici prévenue. Pas

de bêtises! Quand Helmer aura reçu ma lettre, j'attends son message. Et souvenez-vous bien que c'est votre mari qui m'a forcé à cette démarche. C'est ce que je ne lui pardonnerai jamais. Adieu, madame.

(Il sort.)

NORA, *entr'ouvrant avec précaution la porte du vestibule et tendant l'oreille.* — Parti. Il ne lui fera pas parvenir cette lettre. Non, non, c'est impossible! (*Elle ouvre la porte de plus en plus.*) Qu'est-ce à dire? Il s'est arrêté. Il réfléchit. Irait-il?...

(On entend une lettre tomber dans la boîte, puis les pas de Krogstad, dont le bruit va se perdant à mesure qu'il descend l'escalier.)

NORA. *Elle reprime un cri et redescend la scène en courant jusqu'à la table placée près du sofa. Un moment de silence.* — Elle est dans la boîte! (*Elle revient à pas de loup à la porte de l'antichambre.*) Elle est là!... Forvald, Forvald... maintenant nous sommes perdus!

MADAME LINDE *rentre par la porte de gauche, apportant le costume.* — C'est tout ce que j'ai pu faire. Ne veux-tu pas essayer?...

NORA, *bas, d'une voix étranglée.* — Christine, viens ici.

MADAME LINDE, *jetant le costume sur le sofa.* — Qu'as-tu? tu as l'air toute bouleversée.

NORA. — Viens ici. Tu vois cette lettre? Là, à travers la fente de la boîte?

MADAME LINDE. — Oui, je vois bien.

NORA. — Cette lettre est de Krogstad.

MADAME LINDE. — Nora !... C'est Krogstad qui t'a prêté cet argent ?

NORA. — Oui. Et maintenant Forvald saura tout.

MADAME LINDE. — Crois-moi, Nora, c'est ce qu'il y a de mieux pour vous deux.

NORA. — Tu ne sais pas tout : j'ai fait une fausse signature.

MADAME LINDE. — Grand Dieu !... que dis-tu là ?

NORA. — Eh bien ! écoute une chose, Christine ! Écoute ce que je vais te dire : il faut que tu me serves de témoin.

MADAME LINDE. — Témoin de quoi ? Dis !

NORA. — Si je devenais folle... et cela peut bien arriver.

MADAME LINDE. — Nora !

NORA. — Ou s'il m'arrivait autre chose... et que je ne fusse pas là pour...

MADAME LINDE. — Nora, Nora, tu es hors de toi !

NORA. — S'il y avait alors quelqu'un qui voulût tout prendre, prendre toute la faute sur lui... tu comprends.

MADAME LINDE. — Oui, mais comment peux-tu croire ?

NORA. — Dans ce cas, tu dois témoigner que c'est faux, Christine. Je ne suis pas hors de moi ; j'ai tout mon bon sens et je te dis : Personne d'autre

ne l'a su, j'ai agi seule, toute seule. Souviens-toi
de cela.

MADAME LINDE. — C'est bien, je m'en souviendrai.
Mais je ne saisis pas encore...

NORA. — Ah ! comment comprendrais-tu cela ?
C'est un prodige qui va s'opérer.

MADAME LINDE. — Un prodige ?

NORA. — Oui, un prodige. Mais, c'est si terrible ;
Christine, il ne faut pas que cela arrive ; je ne veux
à aucun prix.

MADAME LINDE. — Je vais aller tout de suite parler à Krogstad.

NORA. — Ne va pas chez lui : il te ferait du mal.

MADAME LINDE. — Il fut un temps où il aurait
volontiers fait n'importe quoi pour me plaire.

NORA. — Lui ?

MADAME LINDE. — Où demeure-t-il ?

NORA. — Ah ! qu'en sais-je ?...Si fait. (*Elle cherche dans sa poche*) Voici sa carte. Mais la lettre, la
lettre !...

HELMER, *de sa chambre, frappant à la porte de
communication*. Nora ! —

NORA, *avec un cri d'angoisse*. — Qu'est-ce qu'il y
a ? Que me veux-tu ?

HELMER. — Voyons, voyons ! n'aie donc pas peur.
Nous ne pouvons pas entrer ; tu as verrouillé la
porte. Tu essayes, sans doute.

NORA. — Oui, oui, j'essaye. Je serai si jolie, Forvald.

MADAME LINDE, *après avoir regardé la carte.* — Il demeure tout près d'ici, au coin.

NORA. — Oui; mais à quoi bon ? Nous sommes perdus. La lettre est dans la boîte.

MADAME LINDE. — Et ton mari a la clef ?

NORA. — Toujours.

MADAME LINDE. — Krogstad peut redemander la lettre avant qu'elle soit lue. Il peut trouver un prétexte quelconque.

NORA. — Mais c'est justement l'heure où Forvald a coutume...

MADAME LINDE. — Amuse-le, va chez lui. Je rentre aussitôt que possible.

(Elle sort vivement par la porte du vestibule.)

NORA, *s'approchant de la porte de Helmer l'ouvrant et regardant.* Forvald !

HELMER, *de sa chambre.* — Bon ! on peut enfin pénétrer chez soi. Viens, Rank, nous allons voir... (*Apparaissant.*) Mais voyons, qu'est-ce à dire ?

NORA. — Quoi, cher Forvald ?

HELMER. — Rank m'avait préparé à toute une grande scène en costume.

RANK, *apparaissant.* — Je l'avais compris ainsi : il paraît que je m'étais trompé.

NORA. — Certainement : personne ne me verra dans tout mon éclat que demain.

HELMER. — Mais, ma chère Nora, que tu as l'air fatiguée ! Aurais-tu répété la danse ?

NORA. — Non, je n'ai pas encore essayé une seule fois.

HELMER. — Il le faudrait bien pourtant.

NORA. — Oui, Forvald ; c'est indispensable. Mais je ne puis pas faire un pas sans toi. J'ai tout oublié.

HELMER. — Allons, nous nous y remettrons.

NORA. — Oui, n'est-ce pas ? Enfin, tu vas t'occuper de moi, Forvald. Tu me le promets ? Je suis si inquiète. Ce monde où nous devons aller... Plus d'affaires, ce soir, plus d'écritures ! Voyons, tu veux bien ?

HELMER. — Je te le promets. Ce soir je suis entièrement à ta disposition... petite embarrassée. Ah c'est vrai: il y a d'abord une chose que je dois voir.

(Il se dirige vers la porte du vestibule.)

NORA — Que veux-tu faire ?

HELMER. — Voir seulement s'il est venu des lettres.

NORA. — Non, Forvald, ne fais pas cela.

HELMER. — Pourquoi ?

NORA. — Forvald, je t'en prie... il n'y en a pas.

HELMER. — Laisse-moi voir.

(Il fait un mouvement vers la porte.)

NORA, *au piano, joue les premiers accords de la tarentelle.*

HELMER. — Ah !

NORA. — Je ne pourrai pas danser demain, si je ne répète pas aujourd'hui avec toi.

HELMER, *allant vers elle.* — As-tu vraiment si peur, petite Nora ?

NORA. — Oh oui ! terriblement peur. Laisse-moi répéter tout de suite : nous avons encore du temps avant de nous mettre à table. Assieds-toi là, cher Forvald, et joue. Reprends-moi, donne-moi des conseils, comme tu as l'habitude de le faire.

HELMER. — Volontiers, bien volontiers, puisque tu le désires.

(Il se met au piano.)

NORA. *Elle ouvre une boîte, en retire vivement un tambourin et un châle bariolé, se drape en un clin d'œil puis, d'un bond, se pose au milieu de la chambre et s'écrie :* Allons ! joue ! je veux danser.

(Helmer joue. Nora danse, Rank se tient derrière Helmer et la suit des yeux.)

HELMER, *jouant.* — Doucement, doucement.

NORA. — Impossible.

HELMER. — Moins d'emportement, Nora.

NORA. — C'est justement ce qu'il faut.

HELMER. — Mais non, cela ne marche pas.

NORA, *riant et agitant le tambourin.* — Qu'est-ce que je disais ?

RANK. — Permets-moi de me mettre au piano.

HELMER, *se levant*. — Très volontiers: comme cela je pourrai mieux la diriger.

(Rank se met au piano et joue. Nora exécute une danse de plus en plus folle. Helmer, près de la cheminée lui adresse de temps en temps une observation qu'elle semble ne pas entendre. Ses cheveux se dénouent et tombent sur ses épaules. Elle ne s'en aperçoit pas et continue à danser. Mme Linde entre.)

MADAME LINDE, *s'arrêtant, interdite*. — Oh!...

NORA. — Tu tombes en pleine folie, Christine.

HELMER. — Mais, ma chère Nora, tu danses comme s'il y allait de la vie.

NORA. — C'est bien le cas.

HELMER. — Arrête, Rank. C'est de la rage. Arrête te dis-je.

(Le piano se tait et Nora s'arrête subitement.)

HELMER, *à Nora*. — Voilà ce que je n'aurais jamais cru : tu as oublié tout ce que je t'avais enseigné.

NORA, *jetant le tambourin loin d'elle*. — Tu vois bien.

HELMER. — Allons, tu as grand besoin d'être guidée.

NORA. — Tu vois si j'en ai besoin. Tu me guideras jusqu'au bout: tu me le promets, Forvald ?

HELMER. — Tu peux t'y fier.

NORA. — Ni aujourd'hui ni demain tu ne dois avoir d'autre pensée que moi, tu ne dois ouvrir ni lettre... ni boîte aux lettres.

HELMER. — Bon! Je vois encore là la crainte de cet homme.

NORA. — Hé bien, oui! Il y a de cela aussi.

HELMER. — Nora, je reconnais cela à ta figure; il y a là pour sûr une lettre de lui.

NORA. — Je ne sais rien; je le crois; mais il ne faut pas que tu fasses de ces lectures maintenant. Pas une ombre ne doit se mettre entre nous avant que tout soit fini.

RANK, *bas à Helmer*. — Il ne faut pas la contrarier.

HELMER, *lui passant le bras autour de la taille.* — Là! enfant, on fera ce que tu veux. Mais demain,, quand tu auras dansé...

NORA. — Tu seras libre.

LA BONNE, *apparaissant à la porte de droite.* — Madame est servie.

NORA. — Apporte du champagne, Hélène.

LA BONNE. — Oui, madame.

(Elle sort)

HELMER. — Eh ! eh ! Nous allons faire bombance à ce qu'il paraît.

NORA. — Noces et festins jusqu'à demain. (*Criant à la bonne.*) Et un peu de pralines, Hélène; ou plutôt beaucoup; une fois n'est pas coutume.

HELMER, *lui prenant les mains.* — Allons, allons, c'est très bien. Il ne faut pas être comme cela folle d'effroi. Il faut redevenir ma petite alouette gazouillante comme toujours.

NORA. — Oui, Forvald, oui. Mais entre là, en attendant; et vous aussi, docteur. Toi, Christine, tu m'aideras à remettre ma chevelure en ordre.

RANK, *bas, en passant dans la salle à manger.* — Voyons ! tout cela... Cela ne fait rien présager... de spécial?

HELMER. — Pas du tout, cher ami. Ce n'est que cette puérile angoisse dont je t'ai parlé.

(Ils sortent à droite.)

NORA. — Eh ! ?

MADAME LINDE. — Parti pour la campagne.

NORA. — Je l'ai vu à ta figure.

MADAME LINDE. — Il rentre demain soir; je lui ai laissé un billet.

NORA. — Tu n'aurais pas dû faire cela. Il ne faut rien empêcher. Au fond, c'est une jouissance que d'attendre l'épouvante.

MADAME LINDE. — Qu'attends-tu?

NORA. — Oh! tu ne comprendrais pas. Va les rejoindre; je viens à l'instant.

NORA *reste immobile un moment, comme pour se recueillir, puis elle regarde sa montre.* — Il est cinq heures. D'ici à minuit, sept heures. Puis vingt-quatre heures jusqu'à minuit prochain. Alors la tarentelle sera dansée. Vingt-quatre et sept? J'ai trente et une heures à vivre.

HELMER, *à la porte de droite.* — Mais que devient donc la petite alouette?

NORA, *s'élançant dans ses bras.* — La voici!

ACTE TROISIÈME

Même décor. Les meubles, table, chaises et sofa, ont été transportés au milieu de la chambre. La porte de l'antichambre est ouverte. On entend de la musique de danse venant de l'étage supérieur.

Madame Linde, assise près de la table, feuillette distraitement un livre. Elle essaye de lire, mais ne paraît pas pouvoir fixer sa pensée. Par instants, elle jete un coup d'œil vers la porte d'entrée et écoute attentivement.

MADAME LINDE, *regardant sa montre.* — Il ne vient pas. Il est grand temps cependant. Pourvu qu'il... (*Elle écoute encore.*) Ah ! c'est lui. (*Elle sort dans l'antichambre et ouvre doucement la porte de dehors ; on entend monter l'escalier avec précaution. Bas.*) Entrez, je suis seule.

KROGSTAD, *à l'entrée.* — J'ai reçu un billet de vous. Qu'est-ce que cela veut dire ?

MADAME LINDE. — Il faut absolument que je vous parle.

Krogstad. — Vraiment ? Et c'est nécessairement ici que l'entretien doit avoir lieu ?

Madame Linde. — Je ne pouvais pas vous recevoir chez moi : je n'ai pas d'entrée séparée. Venez, nous serons seuls : les Helmer sont au bal chez les voisins du second.

Krogstad, *entrant*. — Tiens, tiens ! Les Helmer dansent ce soir ? C'est bien vrai ?

Madame Linde. — Qu'y a-t-il d'étonnant à cela ?

Krogstad. — Rien.

Madame Linde. — Voyons, Krogstad, nous avons à causer.

Krogstad. — Nous deux ? Qu'aurions-nous encore à nous dire ?

Madame Linde. — Bien des choses.

Krogstad. — Je ne l'aurais pas cru.

Madame Linde. — C'est que vous ne m'avez jamais bien comprise.

Krogstad. — Ce n'était pas difficile à comprendre ; pareille chose arrive tous les jours : une femme sans cœur éconduit un homme quand il se présente un parti plus avantageux.

Madame Linde. — Me croyez-vous donc tout à fait sans cœur ? Croyez-vous aussi qu'il ne m'en ait pas coûté de rompre ?

Krogstad. — Vraiment.

Madame Linde. — Avez-vous **réellement cru cela**, Krogstad ?

KROGSTAD. — S'il n'en était pas ainsi, pourquoi m'avez-vous écrit comme vous l'avez fait ?

MADAME LINDE. — Je ne pouvais pas agir autrement. Voulant rompre, j'avais le devoir d'arracher de votre cœur tout ce que vous ressentiez pour moi.

KROGSTAD, *se frottant les mains.* — Ah ! C'est ainsi !... et tout cela, ce n'était qu'une question d'argent.

MADAME LINDE. — Vous ne devez pas oublier que j'avais alors une mère à soutenir et deux petits frères. Nous ne pouvions pas vous attendre : vous n'aviez alors que des perspectives si lointaines.

KROGSTAD. — Admettons : cependant vous n'aviez pas le droit de me repousser pour un autre.

MADAME LINDE. — Je ne sais pas. Je me suis souvent demandé cela.

KROGSTAD, *baissant la voix.* — Quand je vous ai perdue, c'est comme si le sol s'était dérobé sous mes pieds. Regardez-moi : je suis comme un naufragé cramponné à une épave.

MADAME LINDE. — Le salut n'est peut-être pas loin.

KROGSTAD. — Il était là, et vous êtes venue me l'enlever.

MADAME LINDE. — Cela a été à mon insu, Krogstad. Aujourd'hui seulement j'ai appris que c'était vous que j'allais remplacer à la Banque.

KROGSTAD. — Je vous crois puisque vous me le dites. Mais maintenant que vous le savez, vous n'y renoncerez pas ?

MADAME LINDE. — Non : cela ne vous servirait à rien.

KROGSTAD. — Ah, bah !... je le ferais tout de même à votre place.

MADAME LINDE. — J'ai appris à agir raisonnablement. La vie me l'a enseigné, et l'âpre nécessité.

KROGSTAD. — Et moi, la vie m'a appris à ne pas me fier aux paroles.

MADAME LINDE. — En cela elle vous a donné une très sage leçon. Mais les actions, vous vous y fiez pourtant ?

KROGSTAD. — Que voulez-vous dire ?

MADAME LINDE. — Vous êtes, avez-vous dit, un naufragé cramponné à une épave.

KROGSTAD. — J'ai de bonnes raisons pour parler ainsi.

MADAME LINDE. — Et moi aussi, je suis une naufragée cramponnée à une épave : personne à qui me dévouer, personne qui ait besoin de moi.

KROGSTAD. — Vous l'avez voulu.

MADAME LINDE. — Je n'avais pas le choix.

KROGSTAD. — Où voulez-vous en venir ?

MADAME LINDE. — Si ces deux naufragés se tendaient la main ? Qu'en pensez-vous, Krogstad ?

KROGSTAD. — Que dites-vous là ?

MADAME LINDE. — Ne vaut-il pas mieux se réunir sur la même épave ?

KROGSTAD. — Christine !

MADAME LINDE. — Quelle est, croyez-vous, la raison qui m'a amenée ici.

KROGSTAD. — Auriez-vous pensé à moi ?

MADAME LINDE. — Il me faut travailler pour pouvoir supporter l'existence. Tous les jours de la vie, aussi loin que vont mes souvenirs, je les ai passés au travail. C'était ma meilleure et mon unique joie. Maintenant, me voici seule au monde ; je sens un abandon, un vide affreux. Ne songer qu'à soi, cela détruit tout le charme du travail. Voyons, Krogstad, trouvez-moi pour qui et pour quoi travailler.

KROGSTAD. — Je ne vous crois pas : il n'y a là qu'un orgueil de femme qui s'exalte et veut se sacrifier.

MADAME LINDE. — M'avez-vous jamais connue exaltée ?

KRAGSTAD. — Pourriez-vous vraiment faire ce que vous dites ? Avez-vous connaissance de tout mon passé ?

MADAME LINDE. — Oui.

KROGSTAD. — Vous connaissez ma réputation, ce qu'on dit de moi.

MADAME LINDE. — Si je vous ai bien compris tout à l'heure, vous pensez que j'aurais pu vous sauver.

KROGSTAD. — J'en suis certain.

MADAME LINDE. — N'est-ce pas à refaire ?

14.

KROGSTAD. — Christine ! Vous avez bien réfléchi à ce que vous dites ? Oui, je le vois à votre visage. Ainsi, vous auriez le courage ?...

MADAME LINDE. — J'ai besoin d'un être à qui tenir lieu de mère, et vos enfants ont besoin d'une mère. Nous aussi, nous sommes poussés l'un vers l'autre. J'ai foi en ce qui gît au fond de vous, Krogstad... avec vous, rien ne me fera peur.

KROGSTAD, *lui saisissant les mains.* — Merci, Christine, merci... maintenant il s'agit de me relever aux yeux du monde et je saurai le faire. Ah, mais j'oubliais...

MADAME LINDE, *écoutant.* — Chut ! La tarantelle ! Sortez, sortez vite !

KROGSTAD. — Pourquoi cela ?

MADAME LINDE. — Vous entendez cette musique : la danse finie, ils vont rentrer.

KROGSTAD. — Allons, je m'en vais. D'autant plus que cela ne sert à rien : vous ignorez, bien entendu, ma démarche contre les Helmer.

MADAME LINDE. — Vous vous trompez, Krogstad : je la connais.

KROGSTAD. — Et vous aviez le courage de...

MADAME LINDE. — Je sais où le désespoir peut pousser un homme comme vous.

KROGSTAD. — Oh, si je pouvais défaire mon œuvre !

MADAME LINDE. — Vous le pouvez : votre lettre est encore là, dans la boîte.

KROGSTAD. — Vous en êtes sûre ?

MADAME LINDE. — Je le sais ; mais...

KROGSTAD, *la dévisageant.* — Est-ce là l'explication ? Vous vouliez sauver votre amie à tout prix. Vous feriez mieux de l'avouer franchement ? Est-ce vrai ?

MADAME LINDE. — Ecoutez, Krogstad : quand on s'est une fois vendue pour sauver quelqu'un, on ne recommence plus.

KROGSTAD. — Je vais redemander ma lettre.

MADAME LINDE. — Mais non.

KROGSTAD. — Mais si, cela va de soi : j'attends la rentrée de Helmer et je lui dis que je veux ravoir ma lettre... qu'elle ne traite que de mon congé... qu'il n'a que faire de la lire...

MADAME LINDE. — Non, Krogstad, vous ne redemanderez pas cette lettre.

KROGSTAD. — Mais cependant... n'est-ce pas pour cela, à vrai dire, que vous m'avez fait venir ici ?

MADAME LINDE. — Si, dans le premier moment d'alarme. Mais vingt quatre heures ont passé, et pendant ce temps j'ai vu se passer ici des choses incroyables. Il faut que Helmer sache tout : ce fatal mystère doit se dissiper. Il faut qu'ils s'expliquent : assez de cachotteries et de faux-fuyants.

KROGSTAD. — Bien, si vous le prenez sur vous... Mais il y a une chose que je puis faire en tout cas et qu'il faut faire de suite...

MADAME LINDE, *écoutant*. — Dépêchez-vous ! Partez !... La danse est finie : nous ne sommes plus en sûreté.

KROGSTAD. — Je vous attends en bas.

MADAME LINDE. — Bien : vous m'accompagnerez jusqu'à ma porte.

KROGSTAD. — Je n'ai jamais été aussi heureux.

(Il sort par la porte d'entrée. Celle de l'antichambre reste ouverte jusqu'à la fin.)

MADAME LINDE. *(Elle range un peu la chambre, et prépare son manteau et son chapeau)*. — Quel avenir, quelle perspective nouvelle ! J'ai pour qui travailler, pour qui vivre, un foyer à soigner. Ah ! c'est que je vais m'y mettre. (*Ecoutant.*) Ah ! les voici : vite le manteau.

(Elle prend son chapeau et son manteau. On entend les voix de Helmer et de Nora ; un chef tourne et Helmer fait entrer Nora presque de force. Elle est en costume italien, enveloppée dans une sorte de grand châle, lui en habit de soirée, un domino noir sur les épaules.)

NORA, *à l'entrée, résistant*. — Non, non, non, je ne veux pas rentrer ; je veux remonter, je ne veux pas me retirer si tôt.

HELMER. — Voyons, chère Nora...

NORA. — Ah ! je t'en prie, Forvald, je t'en supplie... rien qu'une heure encore !

HELMER. — Pas une minute, chère petite Nora. Tu sais nos conventions. Allons, entre, tu prends froid dehors.

(Il la fait entrer malgré sa résistance)

MADAME LINDE. — Bonsoir.

NORA. — Christine !

HELMER. — Quoi, c'est madame Linde ? Vous ici, si tard ?

MADAME LINDE. — Excusez-moi : j'avais une telle envie de voir Nora dans ses beaux atours.

NORA. — Tu m'as attendue ici tout ce temps?

MADAME LINDE. — Oui, je suis venue malheureusement trop tard, tu étais déjà montée et je n'ai pas voulu partir sans t'avoir vue.

HELMER, *enlevant le châle de Nora.* — En ce cas, regardez-la bien. Je pense qu'elle en vaut la peine. Elle est jolie, n'est-il pas vrai, madame Linde?

MADAME LINDE. — En vérité.

HELMER. — Merveilleusement jolie, n'est-ce pas ? C'était aussi l'avis de tout le monde, là-haut. Mais qu'elle est entêtée, ce cher petit être! Que faire contre cela? Croiriez-vous que j'ai dû presque employer la force pour qu'elle quitte le bal?

NORA. — Ah, Forvald! tu te repentiras de ne pas m'avoir accordé ne fût-ce qu'une demi-heure.

HELMER. — Vous entendez, madame. Elle danse sa tarentelle, elle a un succès fou et bien mérité, bien qu'elle y eût peut-être mis trop de naturel, je

veux dire un peu plus que ne le comportaient strictement les exigences de l'art. Mais enfin, le principal est qu'elle a eu du succès, un succès colossal.
Devais-je la laisser rester après cela? Cela aurait
diminué l'effet. Merci bien! j'ai pris le bras de ma
jolie fillette de Capri, — de ma capricieuse fillette
pourrais-je dire; vite le tour de la salle; des saluts
à droite et à gauche — et, comme on dit dans les
romances... la belle ombre s'est évanouie. Il faut
toujours de l'effet dans les dénouements, madame
Linde mais c'est ce que je ne puis pas faire comprendre à Nora. Ouf! qu'il fait chaud ici. (*Il jette son
domino sur une chaise et ouvre la porte de sa
chambre.*) Comment? Il n'y a pas de lumière? Ah!
c'est vrai. Excusez-moi.

(*Il entre et allume deux bougies.*)

NORA, *très bas. précipitamment.* — Eh bien?

MADAME LINDE, *bas.* — Je lui ai parlé.

NORA. — Alors...

MADAME LINDE. — Nora... il faut tout dire à ton
mari.

NORA, *d'une voix mourante.* — Je le savais.

MADAME LINDE. — Tu n'as rien à craindre de
Krogstad, mais il faut que tu parles.

NORA. — Je ne parlerai pas.

MADAME LINDE. — C'est donc la lettre qui parlera
pour toi.

NORA. — Merci, Christine ; je sais maintenant ce qu'il me reste à faire. Chut !...

HELMER, *rentrant.* — Eh bien, madame, l'avez-vous bien admirée ?

MADAME LINDE. — Oui ; et maintenant je vais vous souhaiter la bonne nuit.

HELMER. — Déjà ? C'est à vous ce petit ouvrage ?

MADAME LINDE, *prenant un bout d'ouvrage tricoté que Helmer lui tend.* — Merci ; j'allais l'oublier.

HELMER. — Vous tricotez donc ?

MADAME LINDE. — Certainement.

HELMER. — Hé bien ! vous devriez faire de la broderie.

MADAME LINDE. — Vraiment ? Pourquoi cela ?

HELMER. — C'est plus joli. Regardez : on tient la broderie de la main gauche comme ceci, et on fait aller l'aiguille de la main droite, comme cela... vous voyez cette courbe qui se forme, longue et légère ; pas vrai ?...

MADAME LINDE. — C'est bien possible...

HELMER. — Tandis que tricoter... cela ne peut jamais être que laid. Regardez les bras collés au corps... les aiguilles allant de bas en haut et de haut en bas... il y a là quelque chose de chinois... Ah ! quel émoustillant champagne on a servi !

MADAME LINDE. — Bonsoir, Nora, et ne sois plus entêtée.

HELMER. — Bien parlé, madame Linde.

MADAME LINDE. — Bonsoir, monsieur le directeur.

HELMER, *la reconduisant jusqu'à la porte.* — Bonsoir, bonsoir: vous retrouverez votre chemin, j'espère. Je voudrais bien... mais c'est si près. Bonsoir, bonsoir. (*Elle sort, il referme la porte derrière elle et revient.*) Très bien! la voilà partie enfin. Elle est joliment ennuyeuse, cette femme.

NORA. — N'es-tu pas très fatigué, Forvald?

HELMER. — Non, pas le moins du monde.

NORA. — Tu n'as pas sommeil non plus?

HELMER. — Pas du tout: je me sens au contraire très éveillé. Mais toi? En effet, tu as l'air d'être fatiguée et d'avoir sommeil.

NORA. — Oui, je suis très fatiguée. Maintenant je sens que je dormirai bientôt.

HELMER. — Tu vois bien. J'avais raison de ne pas vouloir rester plus longtemps.

NORA. — Tu as toujours raison dans tout ce que tu fais.

HELMER, *la baisant au front.* — Voici que l'alouette commence à parler comme un homme. Mais, dis-moi, as-tu remarqué comme Rank était gai ce soir?

NORA. — Vraiment? Je n'ai pas eu l'occasion de lui parler.

HELMER. — Je ne lui ai presque pas parlé non plus; mais il y a longtemps que je ne l'avais vu de si bonne humeur. (*Il la regarde un instant, puis se rapproche.*) Hm... que c'est bon pourtant d'être rentré chez soi, d'être seul avec toi... Oh la jolie, l'enivrante petite femme que tu es!

NORA. — Ne me regarde pas comme cela, Forvald.

HELMER. — Je ne regarderais pas mon plus cher trésor! Cette splendeur qui est à moi, rien qu'à moi, toute à moi!

NORA, *gagnant l'autre côté de la table.* — Il ne faut pas me parler comme cela ce soir.

HELMER, *la suivant.* — Tu as encore de la tarentelle dans le sang, à ce que je vois. Et tu n'en es que plus séduisante. Ecoute! Voici les invités qui s'en vont. (*Plus bas.*) Nora, bientôt tout se taira dans la maison.

NORA. — Oui, j'espère.

HELMER. — N'est-ce pas, ma bien-aimée Nora? Oh! quand nous sommes dans le monde comme ce soir... sais-tu pourquoi je te parle si peu, pourquoi je me tiens éloigné de toi, me contentant de te jeter quelquefois un regard à la dérobée, sais-tu pourquoi? C'est que j'aime à me figurer que tu es mon amour secret, ma jeune, ma mystérieuse fiancée et que tous ignorent nos liens.

NORA. — Oui, oui, oui, je sais bien que toutes tes pensées vont à moi.

HELMER. — Et au départ, quand je pose le châle sur tes épaules fines et juvéniles, que je voile cette nuque merveilleuse, je me figure que tu es ma jeune épousée, que nous revenons des noces, que, pour la première fois, je te conduis chez moi et qu'enfin nous allons être seuls... je vais être seul avec toi, ma jeune beauté frissonnante! Durant toute cette soirée, je n'ai fait que soupirer après toi. Quand je t'ai vue dans la tarentelle poursuivre et provoquer... j'ai senti bouillir mon sang, je n'y tenais plus, et c'est pour cela que je t'ai entraînée si tôt...

NORA. — Va-t'en, Forvald. Il faut me quitter. Je ne veux pas de cela.

HELMER. — Qu'est-ce à dire? Tu te moques de moi, petite Nora. Tu ne veux pas, dis-tu? Ne suis-je pas ton mari?...

(On frappe à la porte d'entrée.)

NORA, *tressaillant*. — As-tu entendu?...

HELMER, *passant dans l'antichambre*. — Qui est là?

LE DOCTEUR RANK, *du dehors*. — C'est moi. Puis-je entrer un moment.

HELMER, *d'un ton maussade*. — Qu'est-ce qu'il veut donc, celui-là? (*Haut.*) Attends un peu. (*Il va ouvrir.*) Allons, c'est gentil à toi de ne pas passer devant notre porte sans frapper.

RANK. — J'ai cru entendre ta voix; alors j'ai voulu entrer un instant. (*Jetant un coup d'œil autour de lui.*) Le voici donc, ce foyer si cher, si

familier. Vous avez chez vous la paix et le bien-
être, heureux que vous êtes.

HELMER. — Tu ne paraissais pas te déplaire là-haut
non plus.

RANK. — Je m'y plaisais extrêmement. Et pourquoi pas ? Pourquoi ne pas jouir de tout ici-bas ?
Au moins tant et si longtemps qu'on peut. Le vin
était exquis...

HELMER. — Le champagne surtout.

RANK. — Tu l'as remarqué aussi ? C'est incroyable ce que j'en ai vidé.

NORA. — Forvald aussi a pris beaucoup de champagne ce soir.

RANK. — Vraiment ?

NORA. — Oui, et cela le rend toujours si drôle.

RANK. — Eh bien, pourquoi ne passerait-on pas
une bonne soirée après une journée bien employée ?

HELMER. — Bien employée ? Je ne puis malheureusement pas m'en vanter aujourd'hui.

RANK, *lui tapant sur l'épaule.* — Mais je m'en
vante, moi, sais-tu !

NORA. — Docteur Rank, vous avez dû étudier
quelque cas scientifique, aujourd'hui.

RANK. — Justement.

HELMER. — Tiens, tiens, la petite Nora qui parle
de cas scientifiques !

NORA. — Et peut-on vous féliciter du résultat ?

RANK. — Certainement oui.

NORA. — Un succès ?

RANK. — Le meilleur pour le médecin, comme pour le malade : la certitude.

NORA, *vivement, le scrutant des yeux*. — La certitude ?

RANK. — Une certitude entière. N'avais-je pas droit à une joyeuse soirée après cela ?

NORA. — Sans doute, docteur.

HELMER. — C'est également mon avis : pourvu qu'il ne t'en cuise pas demain.

RANK. — Tout se paie dans cette vie.

NORA. — Docteur... vous devez bien aimer les mascarades.

RANK. — Oui, quand on y rencontre beaucoup de costumes grotesques.

NORA. — Voyons : quel costume mettrons-nous la prochaine fois, vous et moi ?

HELMER. — La petite folle ! Elle songe déjà à la prochaine mascarade.

RANK. — Vous et moi ? Je vais vous dire : vous serez en mascote ?

HELMER. — Très bien, mais trouve un joli costume de mascote.

RANK. — Que ta femme se montre telle que nous la voyons tous les jours.

HELMER. — Bien trouvé ! Mais toi, as-tu une idée de ton propre costume ?

RANK. — Quant à cela, mon cher ami, c'est bien arrêté.

HELMER. — Voyons.

RANK. — A la prochaine mascarade, je serai en invisible.

HELMER. — Quelle farce !

RANK. — Il y a un grand chapeau... As-tu entendu parler d'un chapeau qui rend invisible ? On le met sur sa tête et personne ne vous voit.

HELMER, *réprimant un sourire.* — Bien, bien, tu as raison.

RANK. — Mais j'oublie entièrement pourquoi je suis venu. Helmer, donne-moi un cigare, un de tes havanes foncés.

HELMER. — Avec le plus grand plaisir.

(Il lui présente l'étui.)

RANK, *prenant un cigare et coupant la pointe.* — Merci.

NORA, *frottant une allumette.* — Laissez-moi vous offrir du feu.

RANK. — Merci. (*Elle approche l'allumette ; il allume le cigare.*) Et maintenant, adieu !

HELMER. — Adieu, adieu, mon cher ami.

NORA. — Dormez bien, docteur Rank.

RANK. — Je vous remercie pour ce souhait.

NORA. — Souhaitez-moi la même chose.

RANK. — A vous ? Allons ! puisque vous le voulez... Dormez bien. Et merci pour le feu.

(Il les salue d'un signe de tête et sort.)

HELMER, *contenant sa voix*. — Il avait joliment bu.

NORA, *distraite*. — Peut-être bien...

(Helmer sort ses clefs de sa poche et passe dans l'antichambre.)

NORA. — Forvald, que vas-tu faire ?

HELMER. — Je veux vider la boîte aux lettres : elle est toute pleine ; il n'y aura pas de place pour les journaux demain matin...

NORA. — Tu veux travailler cette nuit ?

HELMER. — Tu sais bien que non... Qu'est-ce à dire ? on a touché à la serrure.

NORA. — A la serrure ?...

HELMER. — Il n'y a pas de doute. Qu'est-ce que cela peut signifier ? Je ne puis croire que les bonnes ?... Voici un bout d'épingle à cheveux. Nora, c'est une de tes épingles.

NORA, *vivement*. — Ce sont peut-être les enfants...

HELMER. — Tu devrais vraiment leur ôter cette habitude. Hm, hm... allons, la voici ouverte tout de même. (*Il prend le contenu de la boîte et appelle.*) Hélène ?... Hélène ! éteignez la lampe de l'entrée.

(Il rentre et ferme la porte de l'antichambre.)

HELMER, *tenant les lettres*. — Regarde : comme il y en a. (*Il examine les enveloppes.*) Qu'est-ce que c'est que cela ?

NORA, *à la fenêtre*. — Cette lettre ! Non, non, Forvald !

HELMER. — Deux cartes de visite... de Rank.

NORA. — Du docteur ?

HELMER, *les regardant*. — Rank, docteur en médecine. Elles étaient sur les lettres... il les aura jetées en sortant.

NORA. — Y a-t-il quelque chose d'écrit ?

HELMER. — Il y a une grande croix au-dessus du nom. Regarde. Quelle vilaine plaisanterie ! C'est comme s'il faisait part de sa propre mort.

NORA. — C'est ce qu'il fait en réalité.

HELMER. — Quoi ? Que sais-tu ? T'aurait-il dit quelque chose ?

NORA. — Oui. Les cartes signifient qu'il a pris congé de nous pour toujours. Il veut s'enfermer et mourir.

HELMER. — Mon pauvre ami ! Je savais que je ne le garderais pas longtemps. Mais si tôt que cela. Et il va se cacher, comme un animal blessé.

NORA. — Si cela doit se faire, il vaut mieux que cela se fasse sans une parole. N'est-ce pas, Forvald ?

HELMER, *arpentant la chambre*. — Il était devenu de la famille. Je ne puis me le représenter parti. Avec ses souffrances, avec son humeur solitaire, il constituait comme un fond d'ombre au tableau ensoleillé de notre bonheur... Allons, cela vaut

peut-être mieux. Du moins pour lui. (*Il s'arrête.*)
Et peut-être aussi pour nous, Nora. Maintenant,
nous voici exclusivement voués l'un à l'autre. (*Il
la prend dans ses bras.*) Ah! ma bien-aimée, ma
femme; je ne te serrerai jamais assez étroitement.
Tu sais, Nora... souvent je te voudrais menacée
d'un danger, pour pouvoir exposer ma vie, donner mon sang, risquer tout, tout pour te protéger.

NORA, *se dégageant d'une voix ferme et résolue.* —
Maintenant, lis tes lettres, Forvald.

HELMER. — Non, non, pas cette nuit... Je veux
rester avec toi, ma chère, chère petite femme.

NORA. — Avec l'idée de ce mort, de ton ami ?...

HELMER. — Tu as raison. Cela nous a remué tous
les deux. Quelque chose de laid s'est glissé entre
nous : l'idée de la mort et de la dissolution. Il
faut que nous cherchions à nous en affranchir.
Jusque-là... Nous allons nous retirer chacun chez
soi.

NORA, *se jetant à son cou.* — Bonsoir, Forvald...
bonsoir !

HELMER, *la baisant au front.* — Bonsoir, mon
petit oiseau chanteur. Dors en paix, Nora. Je vais
parcourir les lettres.

(Il passe dans sa chambre, emportant les lettres, et
referme la porte derrière lui.)

NORA, *tâtonnant autour d'elle, les yeux hagards,*

saisit le domino de Helmer et s'en enveloppe, en disant d'une voix brève, râlante, saccadée. — Plus jamais le revoir. Jamais, jamais, jamais. (*Elle met son châle sur la tête.*) Et les enfants : ne plus les revoir, eux non plus. Oh! cette eau glacée, noire. Oh, cette chose... cette chose sans fond... Ah! si c'était passé seulement! Maintenant il la prend, il la lit. Non, non, pas encore. Adieu, Forvald, toi et les enfants.

(Elle se précipite vers la porte d'entrée. Au même moment Helmer ouvre violemment celle de sa chambre et paraît, une lettre dépliée à la main.)

HELMER. — Nora!

NORA, *jetant un cri perçant.* — Ah!

HELMER. — Que veut dire?... Sais-tu ce que contient cette lettre?

NORA. — Oui, je le sais. Laisse-moi partir! Laisse-moi m'en aller!

HELMER, *la retenant.* — Où vas-tu?

NORA, *essayant de se dégager.* — Tu ne me sauveras pas, Forvald.

HELMER, *se reculant.* — C'est donc vrai! Cette lettre dit vrai? Horreur! Non, non, c'est impossible, cela ne se peut pas.

NORA. — C'est la vérité. Je t'ai aimé plus que tout au monde.

HELMER. — Ah, trêve de niaiseries!

NORA, *faisant un pas vers lui.* — Forvald!...

15.

HELMER. — Malheureuse ! qu'as-tu osé faire ?

NORA. — Laisse-moi partir. Tu ne porteras pas le poids de ma faute, tu ne répondras pas pour moi.

HELMER. — Pas de comédies ! (*Il ferme la porte de l'antichambre.*) Tu resteras là, et tu me rendras compte de tes actes. Comprends-tu ce que tu as fait ? Dis, le comprends-tu ?

NORA *le regarde avec une raideur croissante dans l'expression et dit d'une voix mate.* — Oui, maintenant je commence à comprendre le fond des choses.

HELMER, *marchant, agité, à travers la chambre.* — Oh ! le terrible réveil ! Huit années durant... elle, ma joie et mon orgueil... une hypocrite, une menteuse... pire que cela, une criminelle ! Quel abîme de laideur que tout cela ! Fi, l'horreur !

NORA, *muette, continue à le regarder fixement.*

HELMER, *s'arrêtant devant elle.* — J'aurais dû pressentir qu'il arriverait quelque chose de ce genre. J'aurais dû prévoir cela. Avec la légèreté de principes de ton père... et ces principes tu en as hérité. Absence de religion, absence de morale, absence de tout sentiment de devoir... Oh ! que je suis puni d'avoir jeté un voile sur sa conduite. C'est pour toi que je l'ai fait. Et voilà comment tu me récompenses.

NORA. — Oui, voilà.

HELMER. — Maintenant tu as détruit mon bonheur, tu as anéanti tout mon avenir. Je ne puis y penser sans frémir. Me voici dans les mains d'un homme sans scrupules : il peut faire avec moi tout ce qu'il veut, me demander quoi que ce soit, commander, ordonner à sa guise, sans que j'ose souffler mot. Ainsi je puis être réduit à rien, coulé à fond par la légèreté d'une femme.

NORA. — Quand j'aurai quitté ce monde, tu seras libre.

HELMER. — Ah ! pas de grands mots. Ton père aussi en avait toute une provision. A quoi cela me servirait-il, si tu quittais ce monde, comme tu dis ? A rien. Il pourrait ébruiter la chose malgré cela, et, en ce cas, on me soupçonnerait peut-être d'avoir été complice de ta criminelle action. On pourrait croire que j'en ai été l'instigateur, que c'est moi qui t'ai poussée. Et c'est à toi que je dois cela, à toi que j'ai portée sur les bras à travers toute notre vie commune. Comprends-tu maintenant ce que tu as fait ?

NORA, *calme et froide*. — Oui.

HELMER. — Tout cela est si incroyable que je ne m'y retrouve pas. Mais il faut aviser. Ote ce châle. Ote-le, te dis-je ! Il faut que je le contente d'une façon ou d'une autre. Il s'agit d'étouffer l'affaire à tout prix. Et, en ce qui concerne notre intérieur, rien ne doit sembler changé entre nous. Il ne s'agit,

bien entendu, que des apparences. Tu continueras
donc à demeurer ici : cela va sans dire. Mais il te
sera interdit d'élever les enfants... je n'ose pas te
les confier. Ah ! devoir parler ainsi à celle que j'ai
tant aimée et qui encore... ! Allons, tout cela est
passé, il le faut. Dorénavant il ne s'agit plus de
bonheur. Mais uniquement de sauver des restes,
des débris, des apparences...

(On sonne à la porte d'entrée.)

HELMER, *tressaillant*, — Qu'est-ce que c'est ? Si
tard ! Horreur ! Serait-ce déjà ?... Aurait-il ?... Ca-
che-toi, Nora ! Dis-toi malade.

(Nora ne bouge pas. Helmer va ouvrir la porte.)

LA BONNE, *à moitié dévêtue, dans l'antichambre.*
— Une lettre pour madame.

HELMER. — Donnez-la-moi. (*Il saisit la lettre et
ferme la porte.*) Oui, elle est bien de lui. Tu ne
l'auras pas. Je veux la lire moi-même.

NORA. — Lis.

HELMER, *s'approchant de la lampe.* — J'en ai à
peine le courage. Peut-être sommes-nous pris l'un
et l'autre. Non, il faut que je le sache. (*Il ouvre
vivement la lettre, parcourt quelques lignes, examine un papier inclus dans l'enveloppe et pousse un
cri de joie.*) Nora !

NORA, *l'interrogeant du regard.*

HELMER. — Nora!... Non, relisons encore!...
C'est bien cela ! Je suis sauvé ! Nora, je suis sauvé !

NORA. — Et moi?

HELMER. — Toi aussi, bien entendu. Nous sommes sauvés l'un et l'autre. Regarde. Il te restitue ton reçu. Il regrette, dit-il, il se repent... un heureux événement venant à changer son existence... ah ! peu importe ce qu'il écrit. Nous sommes sauvés, Nora ! Personne ne peut plus te nuire. Ah ! Nora, Nora... non, détruisons d'abord toutes ces horreurs. Laisse-moi voir... (*Il jette un coup d'œil sur le reçu.*) Non, je ne veux plus rien voir ; j'aurai fait un mauvais rêve : voilà tout. (*Il déchire les deux lettres et le reçu, jette le tout dans la cheminée et regarde brûler le papier.*) Tiens ! tout a disparu. Il t'écrivait que, depuis la veille de Noël, tu... Oh ! ces trois jours, quelle épreuve cela a dû être pour toi, Nora !

NORA, — J'ai soutenu une lutte violente durant ces trois jours.

HELMER. — Et tu t'es désespérée ; tu ne voyais pas d'autre issue que... Non, nous ne garderons plus aucun souvenir de tous ces dégoûts. Nous allons fêter notre délivrance en répétant sans cesse : C'est fini, c'est fini. Ecoute-moi donc, Nora ; tu ne parais pas comprendre : c'est fini. Mais que veut dire cette raideur ? Oh ! ma pauvre petite Nora, je comprends... Tu sembles ne pas croire que je t'ai pardonné. C'est pourtant vrai, Nora; je te le jure : tout est pardonné. Je sais bien que ce que tu as fait, tu l'as fait par amour pour moi.

NORA. — C'est vrai.

HELMER. — Tu m'as aimé comme une femme doit aimer son mari. Seulement, le choix des moyens, c'est ce qui t'échappait. Mais crois-tu que tu me sois moins chère, parce que tu ne peux pas te guider toi-même? Non, non, appuie-toi sur moi : tu trouveras aide et direction. Je ne serais pas un homme si ton incapacité de femme ne te rendait pas doublement séduisante à mes yeux. Oublie les dures paroles que je t'ai dites dans les premiers moments d'effroi, quand je croyais que tout allait s'écrouler sur moi. Je t'ai pardonné, Nora, je te jure que je t'ai pardonné.

NORA. — Je te remercie de ton pardon.

(Elle sort par la porte de droite.)

HELMER. — Non, reste ici... (*Il la suit des yeux.*) Pourquoi te diriges-tu vers l'alcôve ?

NORA, *de sa chambre.* — Pour ôter ce costume de mascarade.

HELMER, *près de la porte restée ouverte.* — Bien ; repose-toi, essaie de calmer ton esprit, de te remettre de cette alerte, petit oiseau effarouché. Repose en paix, j'ai de larges ailes pour te protéger. (*Marchant, sans s'éloigner de la porte.*) Oh, que nous avons un calme et charmant intérieur, Nora ! Ici tu es à l'abri : je te garderai comme une colombe que j'aurais recueillie, après l'avoir retirée saine et sauve des griffes du vautour. Je saurai apaiser ton pauvre cœur qui palpite. Peu à peu j'y réussirai, crois-moi, Nora. Demain, tout cela t'apparaîtra sous un autre jour. Tout redeviendra comme par le passé. Je n'aurai pas besoin de t'affirmer sans cesse que je t'ai pardonné. Tu le sentiras toi-même, à n'en pas douter. Comment peux-tu croire que j'aille te repousser ou même te faire des reproches ? Ah ! tu ne sais pas ce que c'est qu'un vrai cœur d'homme, Nora. Il y a pour un homme une telle douceur, un si grand contentement dans la conscience, d'avoir pardonné vraiment, dans le fond de son cœur. C'est comme une seconde possession, comme une création nouvelle ; ce n'est plus sa femme seulement qu'on voit dans l'être pardonné, c'est aussi son enfant. C'est ainsi que tu me paraîtras à l'avenir, petite créature effarée, sans boussole. Ne t'inquiète de rien, Nora ; sois seulement franche envers moi, et je te tiendrai lieu de volonté et de conscience. Qu'est-ce à dire ? Tu n'es pas couchée ? Tu t'es rhabillée ?

NORA, *qui a remis sa robe de tous les jours.* — Oui, Forvald, je me suis rhabillée.

HELMER. — Pourquoi cela, à cette heure ?

NORA. — Cette nuit je ne compte pas dormir ?

HELMER. — Mais, ma chère Nora...

NORA, *regardant sa montre.* — Il n'est pas si tard encore. Assieds-toi, Forvald. Nous avons à causer.

HELMER. — Nora... qu'est-ce que cela signifie ? Cet air de raideur...

NORA. — Assieds-toi. L'entretien sera long. Nous avons beaucoup à nous dire.

HELMER, *s'asseyant vis-à-vis d'elle.* — Tu m'inquiètes, Nora. Je ne te comprends pas.

NORA. — Tu dis vrai : tu ne me comprends pas. Et moi aussi, je ne t'ai jamais compris... avant ce soir. Ne m'interromps pas. Ecoute ce que je te dis... Il s'agit de régler nos comptes.

HELMER. — Comment l'entends-tu ?

NORA, *après un instant de silence.* — Nous voici là, l'un en face de l'autre. N'es-tu pas frappé d'une chose ?

HELMER. — Que veux-tu dire ?

NORA. — Voilà huit ans que nous sommes mariés. Réfléchis un peu : n'est-ce pas la première fois que nous deux, tels que nous sommes, mari et femme, nous causons sérieusement ensemble ?

HELMER. — Sérieusement, oui... Qu'est-ce que cela veut dire ?

NORA. — Huit années ont passé... et même plus, en comptant depuis notre première rencontre, et nous n'avons jamais échangé une parole sérieuse sur un sujet grave.

HELMER. — Aurais-je dû t'initier sans cesse à mes soucis que tu n'aurais pas pu soulager ?

NORA. — Je ne parle pas de soucis. Je veux dire,

que jamais, en quoi que ce soit, nous n'avons
cherché en commun à voir au fond des choses.

HELMER. — Mais voyons, ma chère Nora : était-
ce là une occupation pour toi ?

NORA. — Nous y voilà ! Tu ne m'as jamais comprise... On a été très injuste envers moi, Forvald :
papa d'abord, toi ensuite.

HELMER. — Quoi ? Nous deux !... Mais qui donc
t'a aimée autant que nous ?

NORA, *secouant la tête*. — Vous ne m'avez jamais
aimée. Il vous a semblé amusant d'être en adoration devant moi, voilà tout.

HELMER. — Voyons, Nora, que veut dire ce langage ?

NORA. — C'est ainsi, Forvald : quand j'étais
chez papa, il m'exposait ses idées et je les parta-
geais. Si j'en avais d'autres, je les cachais. Il n'aurait pas aimé cela. Il m'appelait sa petite poupée
et jouait avec moi comme je jouais avec mes poupées. Puis, je suis venue chez toi...

HELMER. — Tu as de singulières expressions pour
parler de notre mariage.

NORA, *sans changer de ton*. — Je veux dire
que, des mains de papa, j'ai passé dans les tiennes.
Tu as tout arrangé à ton goût et ce goût je le par-
tageais, ou bien je faisais semblant, je ne sais pas
au juste ; l'un et l'autre peut-être, tantôt ceci, tantôt ça. En jetant maintenant un regard en arrière, il

me semble que j'ai vécu ici comme vivent les pauvres gens... au jour le jour. J'ai vécu des pirouettes que je faisais pour toi, Forvald. Mais cela te convenait. Toi et papa, vous avez été bien coupables envers moi. A vous la faute, si je ne suis bonne à rien.

HELMER. — Tu es absurde, Nora, absurde et ingrate. N'as-tu pas été heureuse ici ?

NORA. — Jamais. J'ai cru l'être, mais je ne l'ai jamais été.

HELMER — Tu n'as pas... tu n'as pas été heureuse !

NORA. — Non : j'ai été gaie, voilà tout. Tu étais si gentil envers moi : mais notre maison n'a pas été autre chose qu'une salle de récréation. J'ai été poupée-femme chez toi, comme j'avais été poupée-enfant chez papa. Et nos enfants, à leur tour, ont été mes poupées à moi. Je trouvais drôle quand tu jouais avec moi, comme ils trouvaient drôle quand je jouais avec eux. Voilà ce qu'a été notre union, Forvald.

HELMER. — Il y a quelque chose de vrai dans ce que tu dis... bien que tu exagères et amplifies beaucoup. Mais à l'avenir cela changera. Le temps de la récréation est passé, maintenant vient celui de l'éducation.

NORA. — L'éducation de qui, la mienne ou celle des enfants ?

HELMER. — L'une et l'autre, chère Nora.

NORA. — Hélas! Forvald, tu n'es pas homme à m'élever pour faire de moi la véritable épouse qu'il te faut.

HELMER. — C'est toi qui dis cela?

NORA. — Et moi... comment suis-je préparée à élever les enfants?

HELMER. — Nora!

NORA. — Ne le disais-tu pas tout à l'heure... que c'est une tâche que tu n'oses me confier?

HELMER. — Je l'ai dit dans un instant d'irritation. Vas-tu maintenant relever cela?

NORA. — Mon Dieu! tu l'as très bien dit. C'est là une tâche au-dessus de ma portée. Il en est une autre dont je dois m'acquitter d'abord. Je veux songer avant tout à m'élever moi-même. Tu n'es pas homme à me faciliter cette tâche. Je dois l'entreprendre seule. Voilà pourquoi je vais te quitter.

HELMER, *se levant d'un bond*. — Que dis-tu là?

NORA. — Il me faut être seule pour me rendre compte de moi-même et de tout ce qui m'entoure. Aussi ne puis-je rester avec toi.

HELMER. — Nora! Nora!

NORA. — Je veux m'en aller tout de suite. Je trouverai bien un abri chez Christine cette nuit...

HELMER. —Tu perds l'esprit! Tu n'as pas le droit de t'en aller. Je te le défends.

NORA. — Tu ne peux rien me défendre désormais. J'emporte tout ce qui est à moi. De toi je ne veux rien tenir, ni maintenant, ni jamais.

HELMER. — Que veut dire cette folie ?

NORA. — Demain je pars pour chez moi ; je parle de mon pays d'origine... J'y trouverai plus facilement à vivre.

HELMER. — Aveugle que tu es, pauvre être sans expérience !

NORA. — Je chercherai à me créer de l'expérience, Forvald.

HELMER. — Abandonner ton foyer, ton mari, tes enfants ! Tu ne songes pas à ce qu'on en dira ?

NORA. — Je ne puis pas m'arrêter à cela. Je sais seulement que, pour moi, c'est indispensable.

HELMER. — Ah ! c'est révoltant ! Ainsi tu trahirais les devoirs les plus sacrés !

NORA. — Que considères-tu comme mes devoirs les plus sacrés ?

HELMER. — Ai-je besoin de te le dire ? Ne sont-ce pas tes devoirs envers ton mari et tes enfants ?

NORA. — J'en ai d'autres tout aussi sacrés.

HELMER. — Tu n'en as pas. Quels seraient ces devoirs ?

NORA. — Mes devoirs envers moi-même.

HELMER. — Avant tout, tu es épouse et mère.

NORA. — Je ne crois plus à cela. Je crois qu'avant tout je suis un être humain, au même titre

que toi... ou au moins que je dois essayer de le
devenir. Je sais que la plupart des hommes te don-
neront raison, Forvald, et que ces idées-là sont im-
primées dans les livres. Mais je n'ai plus le moyen
de songer à ce que disent les hommes et à ce qu'on
imprime dans les livres. Il faut que je me fasse
moi-même des idées là-dessus, et que j'essaie de
me rendre compte de tout.

HELMER. — Quoi! tu ne te rendrais pas compte
de ta place au foyer ? N'as-tu pas dans ces questions un guide infaillible? N'as-tu pas la religion?

NORA. — Hélas! Forvald! La religion, je ne sais
pas au juste ce que c'est.

HELMER. — Tu ne sais pas ce que c'est ?

NORA. — Là-dessus je ne sais que ce que m'en a
dit le pasteur Hansen en me préparant à la confirmation. La religion, c'est ceci, c'est cela. Quand
je serai seule et affranchie, je vais examiner cette
question comme les autres. Je verrai si le pasteur
disait vrai, ou du moins si ce qu'il m'a dit était
vrai par rapport à moi.

HELMER. — Ah voilà qui est inouï de la part d'une
si jeune femme! Mais si la religion ne peut pas te
guider, laisse-moi du moins sonder ta conscience.
Car je suppose que tu possèdes du moins le sens
moral ? Ou peut-être en es-tu dépourvue : réponds-
moi.

NORA. — Vois-tu, Forvald, il m'est difficile de

répondre. Je n'en sais rien. Je ne puis pas me re- trouver dans tout cela. Je ne sais qu'une chose : c'est que mes idées diffèrent entièrement des tiennes. J'apprends aussi que les lois ne sont pas ce que je croyais ; mais que ces lois soient justes, c'est ce qui ne peut m'entrer dans la tête. Une femme n'aurait pas le droit d'épargner un souci à son vieux père mourant ou de sauver la vie à son mari ! Cela ne se peut pas.

HELMER. — Tu parles comme un enfant : tu ne comprends rien à la société dont tu fais partie.

NORA. — Non, je n'y comprends rien. Mais je veux y arriver et m'assurer qui des deux a raison, de la société ou de moi.

HELMER. — Tu es malade, Nora, tu as la fièvre : je croirais presque que tu n'es pas dans ton bon sens.

NORA. — Je me sens cette nuit plus lucide et plus sûre de moi que je ne l'ai jamais été.

HELMER. — Et c'est avec cette assurance et en toute lucidité que tu abandonnes ton mari et tes enfants ?

NORA. — Oui.

HELMER. — Il n'y a qu'une application possible.

NORA. — Laquelle.

HELMER. — Tu ne m'aimes plus ?

NORA. — C'est bien cela ; voilà en effet le nœud de tout.

HELMER. — Nora !... Et c'est ainsi que tu le dis.

NORA. — Cela me fait tant de peine, Forvald ; car tu as toujours été si bon envers moi. Mais je n'y puis rien : je ne t'aime plus .

HELMER, *s'efforçant de garder contenance.* — Cela aussi, n'est-ce pas, tu en es parfaitement convaincue ?

NORA. — Absolument. Et voilà pourquoi je ne veux plus demeurer ici.

HELMER. — Et peux tu m'expliquer comment j'ai perdu ton amour ?

NORA. — Certainement. C'est ce soir, quand je n'ai pas vu s'accomplir le prodige espéré. J'ai vu alors que tu n'étais pas l'homme que je croyais.

HELMER. — Explique-toi : je ne comprends pas.

NORA. — Pendant huit années j'ai patiemment attendu. Je savais bien, mon Dieu, que les prodiges ne s'accomplissent pas tous les jours. Enfin vint cette heure d'angoisse. Je pensai alors avec certitude : voici venir le prodige. Pendant que la lettre de Krogstad était là dans la boîte, je n'ai pas songé un instant que tu pouvais te plier aux conditions de cet homme. Je croyais si fermement que tu lui dirais : Allez, et publiez tout. Et quand cela aurait eu lieu...

HELMER. — Eh bien oui !... quand j'aurais livré ma femme à la honte et au mépris ?...

NORA. — Quand cela aurait eu lieu, et j'étais en-

tièrement sûre que tu allais paraître, prendre tout
sur toi et dire : Je suis coupable.

HELMER. — Nora!...

NORA. — Tu vas dire que je n'aurais pas accepté
un tel sacrifice. Sans doute. Mais qu'aurait signifié
mon affirmation à côté de la tienne ?... Hé hien !
c'était là le prodige que j'espérais avec terreur.
Et c'est pour empêcher cela que je voulais mourir.

HELMER. — C'est avec bonheur, Nora, que j'aurais travaillé pour toi nuit et jour. J'aurais tout
supporté, soucis et privations. Mais il n'y a personne qui offre son honneur pour l'être qu'il aime.

NORA. — Des milliers de femmes l'ont fait.

HELMER. — Eh! tu penses comme un enfant, et
tu parles de même.

NORA. — Admettons. Mais tu ne penses pas, toi,
et tu ne parles pas comme l'homme qu'il me serait
possible de suivre. Ue fois rassuré, non sur le danger qui me menaçait, mais sur celui que tu courais
toi-même... tu as tout oublié. Je suis redevenue
ton petit oiseau chanteur, ta poupée que tu étais
tout prêt à porter sur tes bras comme devant, avec
d'autant plus de précautions que tu l'avais recon-
nue plus fragile. (*Se levant.*) Ecoute, Forvald; en ce
moment-là, il me parut que j'avais vécu huit années dans cette maison avec un étranger et que j'a-
vais eu trois enfants... Ah ! je ne puis seulement

pas y penser! J'ai envie de me déchirer moi-même en mille morceaux.

HELMER, *sourdement.* — Je le vois, hélas, je le vois bien. Un abîme s'est creusé entre nous. Mais dis-moi, Nora, s'il ne peut pas être comblé.

NORA. — Telle que je suis maintenant, je ne puis être ta femme.

HELMER. — J'ai la force de me transformer.

NORA. — Peut-être... si on t'enlève ta poupée.

HELMER. — Se séparer... se séparer de toi! Non, non, Nora, je ne puis accepter cette idée.

NORA, *se dirigeant vers la porte de droite.* — Raison de plus pour en finir.

> (Elle sort et revient avec son manteau son chapeau et un petit sac de voyage qu'elle pose sur une chaise près de la table.)

HELMER. — Pas encore, Nora, pas encore! Attends à demain.

NORA, *mettant son manteau.* — Je ne puis passer la nuit sous le toit d'un étranger.

HELMER. — Mais ne pouvons-nous continuer à vivre ensemble comme frère et sœur?

NORA, *attachant son chapeau.* — Tu sais bien que cela ne durerait pas longtemps. (*Jetant son châle sur les épaules.*) Adieu, Forvald. Je ne veux pas voir les enfants. Je les sais dans de meilleures mains que les miennes. Telle que je suis maintenant... je ne puis pas être une mère pour eux.

HELMER. — Mais un jour, Nora... un jour?

NORA. — Comment te répondre? Je ne sais pas ce que je deviendrai.

HELMER. — Mais tu es ma femme, quoi que tu sois ou que tu deviennes.

NORA. — Ecoute, Forvald. Quand une femme quitte le domicile conjugal, comme je fais aujourd'hui, les lois, m'a-t-on dit, dénouent le mari de tout engagement envers elle. Je sais en tout cas que moi je t'en tiens quitte. Il ne faut pas que tu te sentes lié, pas plus que je ne le demeure moi-même. Liberté entière de part et d'autre. Tiens, voici ton anneau : rends-moi le mien.

HELMER. — Cela aussi?

NORA. — Oui.

HELMER. — Tiens.

NORA. — Merci. Maintenant tout est fini. Je laisse les clefs là. Pour ce qui concerne le ménage, la bonne est au fait... elle l'est mieux que moi. Demain, après mon départ, Christine viendra ranger dans une malle tout ce que j'ai apporté avec moi en venant ici. Je veux qu'on me l'expédie.

HELMER. — Tout est fini! Ne veux-tu plus jamais penser à moi, Nora?

NORA. — Je penserai souvent à toi, bien sûr, et aux enfants, et à la maison.

HELMER. — Puis-je t'écrire, Nora ?

NORA. — Non! jamais. Je te le défends.

HELMER. — Oh ! mais je puis bien t'envoyer...

NORA. — Rien, rien.

HELMER. —...T'aider, si tu en as besoin.

NORA. — Non, te dis-je ! Je n'accepte rien d'un étranger.

HELMER. — Nora... ne serai-je plus jamais qu'un étranger pour toi.

NORA, *prenant son sac de voyage.* — Ah ! Forvald, il faudrait pour cela le plus grand des prodiges.

HELMER. — Nomme-le, ce prodige.

NORA. — Il nous faudrait à tous deux nous transformer à tel point... Hélas ! Forvald, je ne crois plus aux prodiges.

HELMER. — Mais moi je veux y croire. Nomme-le ! Nous devrions nous transformer à tel point que ?...

NORA, — A tel point que notre union devienne un vrai mariage. Adieu.

(Elle sort par la porte d'entrée.)

HELMER, *s'affaissant sur une chaise, près de la porte, et se couvrant le visage des deux mains.* — Nora, Nora ! (*Il relève la tête et regarde autour de lui.*) Partie ! Elle est partie ! (*Avec un espoir naissant.*) Le plus grand des prodiges... ?!

(On entend au dehors le bruit de la porte de la maison qui se referme.)

TABLE

ÉVREUX, IMPRIMERIE DE CHARLES HÉRISSEY

TABLE

JANVIER-FÉVRIER

MARS